From the Air to the Hand
—Del aire a la mano—

Armando Romero

Translated by Matthew Fehskens

Nueva York, 2021

Title: From the Air to the Hand —Del aire a la mano—

ISBN-13: 978-1-952336-08-9
ISBN-10: 1-952336-08-2

Design: © Carlos Aguasaco
Artwork by: ©
E-mail: carlos@artepoetica.com
Mail: 38-38 215 Place, Bayside, NY 11361, USA.
© From the Air to the Hand —Del aire a la mano—, Armando Romero 2021.
© From the Air to the Hand, English translation by Matthew Fehskens
© From the Air to the Hand —Del aire a la mano— , for this edition Artepoética Press, 2021.

All rights reserved. No part of this publication may be reproduced, distributed, or transmitted in any form or by any means, including photocopying, recording, or other electronic or mechanical methods, without the prior written permission of the publisher, except in the case of brief quotations embodied in critical reviews and certain other noncommercial uses permitted by copyright law. For permission requests, write to the publisher, addressed "Attention: Permissions Coordinator," at the address below: 38-38 215 Place, Bayside, NY 11361, USA.

Todos los derechos reservados. Esta publicación no puede ser reproducida, ni en todo ni en parte, ni registrada en o transmitida por, un sistema de recuperación de información, en ninguna forma ni por ningún medio, sea mecánico, fotoquímico, electrónico, magnético, electroóptico, por fotocopia, o cualquier otro, sin el permiso previo por escrito de la editorial, excepto en casos de citación breve en reseñas críticas y otros usos no comerciales permitidos por la ley de derechos de autor. Para solicitar permiso, escríbale al editor a: 38-38 215 Place, Bayside, NY 11361, USA.

From the Air to the Hand

—Del aire a la mano—

Armando Romero

Translated by Matthew Fehskens

Nueva York, 2021

Para Konstantina
Para Alfonso Dimitri
Para Evangelia Cilia
mis versos,
mi amor.

For Konstantina
For Alfonso Dimitri
For Evangelia Cilia
my verses,
my love.

Contenido / Content

MI AMIGO EL POETA ARMANDO ROMERO	16
Álvaro Mutis	16
MY FRIEND, THE POET ARMANDO ROMERO	17
Álvaro Mutis	

EL POETA DE VIDRIO (1961-1979)

THE GLASS POET (1961-1979)

EL ÁRBOL DIGITAL	20
THE DIGITAL TREE	21
FLORES DE URANIO	22
FLOWERS OF URANIUM	23
DEL AIRE A LA MANO	24
FROM THE AIR TO THE HAND	25
ALQUIMIA DEL FUEGO INUTIL	26
ALCHEMY OF THE USELESS FIRE	27
LAS DOS PALABRAS	28
THE TWO WORDS	29
LA NOCHE REGRESO A MI BOLSILLO	30
THE NIGHT RETURNED TO MY POCKET	31
EL AGUACERO EDIFICABLE	34
THE BUILDABLE DOWNPOUR	35
MIS FANTASMAS	38
MY GHOSTS	39
POEMITA DEDICADO CON CARIÑO A LA	40
MEMORIA DEL SEÑOR	40
ISIDORE DUCASSE	40
(Q.E.P.D.)	40
A LITTLE POEM DEDICATED WITH LOVE	41
TO THE MEMORY OF MR.	41
ISIDORE DUCASSE	41
(R.I.P)	41
EXTRAÑOS SERES	42
RELUCIENTES CIUDADES	42
STRANGE BEINGS	43
SHIMMERING CITIES	43
CARTA DE AMOR	46

LOVE LETTER	47
CARTA A F. L.	48
LETTER TO F.L.	49
FROM CHICAGO	58
FROM CHICAGO	59

LOS MÓVILES DEL SUEÑO (1975)

THE MOBILES OF DREAMING (1975)

VAGABUNDO	66
VAGABOND	67
CUMBIA	68
CUMBIA	69
SILENCIO	70
SILENCE	71
VIAJERA	72
TRAVELING GIRL	73
NOSTALGIA	74
NOSTALGIA	75
BRISA	76
BREEZE	77

LAS COMBINACIONES DEBIDAS (1989)

THE RIGHT COMBINATIONS (1989)

PUESTO A RECORDAR	82
READY TO REMEMBER	83
TESTIGO DEL TIEMPO	84
TIME'S WITNESS	85
LAS QUE NUNCA SE OLVIDAN	86
THE ONES THAT GOT AWAY	87
MI CIUDAD	88
MY CITY	89
EL AQUÍ DETENIDO	90

TO HOLD BACK THE PRESENT	91
CONSTRUCTOR	92
BUILDER	93
DE LOS TRENES	94
ABOUT TRAINS	95
LA TIA CHINCA	96
AUNT CHINCA	97
PAISAJE	98
LANDSCAPE	99
DE LOS ASESINOS	100
ON KILLERS	101
MI INFANCIA	104
MY CHILDHOOD	105
NOSOTROS DOS	106
THE TWO OF US	107

A RIENDA SUELTA (1991)

FREE REIN

(1991)

EN EL VIAJE, LAS PALABRAS: EL POEMA	110
ON THE JOURNEY, THE WORDS: THE POEM	111
VALPARAISO	114
VALPARAISO	115
STRIP TEASE	116
STRIP TEASE	117
QUITO	118
QUITO	119
AZUCAR EN LOS LABIOS	120
SUGARED LIPS	121
ESPINA	122
THORN	123
POETA DE RIO	124
RIVER POET	125
EL DEL RELÁMPAGO	126
THE LIGHTNING-FLASH POET	127
LA HISTORIA SIN HISTORIA	128
THE STORY WITHOUT A STORY	129
EL POETA DE LA CIUDAD	130
THE CITY POET	131

AKROTIRI	132
AKROTIRI	133
ENCUENTRO CON MAQROLL EN RODAS	134
MEETING WITH MAQROLL IN RHODES	135

CUATRO LÍNEAS (2001)

FOUR LINES (2001)

TODAS LAS CIUDADES QUE HEMOS VISTO SOBREVIVEN EN TI	138
UN SOLO ICONO TU ROSTRO EN LA FIESTA	138
ME FUI DEJANDO VERTE DESNUDA	138
ORÉGANO, SALVIA, YERBABUENA, LAUREL	138
TODO EN LO QUE SOMOS AMOR SE PUEDE VER	138
VOLVÍAN LOS VIEJOS CON EL CUENTO	138
MI AMOR QUE SOY EN TI	138
ALL THE CITIES THAT WE HAVE SEEN LIVE ON IN YOU	139
A SINGULAR ICON YOUR FACE IN THE PARTY	139
I SLOWLY LET MYSELF SEE YOU NAKED	139
OREGANO, SAGE, SPEARMINT, LAUREL	139
ALL THAT WE ARE TO LOVE IS VISIBLE	139
THE OLD FOLKS CAME BACK WITH THE STORY	139
MY LOVE THAT I AM IN YOU	139
LABIO A LABIO	140
LEJOS FUE QUE SE URDIERON NUESTROS DESTINOS	140
ES EL BRILLO DE ESCAMAS NOCTURNAS	140
HE VUELTO A VER EL AMOR	140
SALTA EL RÍO	140
DIJE QUE TE IBA A TRAER ALGO	140
LIP TO LIP	141
IT WAS FAR AWAY THAT OUR DESTINIES WERE DEVISED	141
IT IS THE GLIMMER OF NOCTURNAL SCALES	141
I HAVE SEEN LOVE AGAIN	141
THE RIVER LEAPS	141
I SAID I WAS GOING TO BRING YOU SOMETHING	141

HAGION OROS (2002)

HAGION OROS (2002)

NADA DE MUJER, HEMBRA O ANIMAL FEMENINO	144
NO WOMAN, FEMALE, OR FEMALE ANIMAL	145
HAZ DE ASCETAS	148
HEAP OF HERMITS	149
LA CENA	150
THE DINNER	151
EL SUCIO	152
THE DIRTY ONE	153
LOS MONASTERIOS	154
THE MONASTERIES	155
ESTETICA DEL MONASTERIO	156
AESTHETIC OF THE MONASTERY	157
SAN ATANASIO EL ATHONITA	158
SAINT ATHANASIUS THE ATHONITE	159
ADIOS DE DIOSES	160
THE GOODBYE OF THE GODS	161
DIFERENCIAS	164
DIFFERENCES	165
HAGION OROS	166
HAGION OROS	167

AMANECE AQUELLA OSCURIDAD (2012)

THAT DAWNING DARKNESS (2012)

AEDO, HOY	170
AOIDOS, TODAY	171
LA RISA DE DIOS	172
THE LAUGHTER OF GOD	173
DERROTA	174
DEFEAT	175
LOS CUERVOS	178
THE RAVENS	179
TODO LO QUE NO VEO	180

ALL THAT I DO NOT SEE	181
ESE RUIDO	182
THAT NOISE	183
CÍRCULO DE LOS CUERPOS	184
CIRCLE OF BODIES	185
DICTAMEN	186
PRONOUNCEMENT	187
AL PARECER DE LA HUIDA	188
THE ESCAPE'S VERSION	189
POEMA DE OTOÑO	190
AUTUMN POEM	191
EL AZUL	192
BLUE	193
ENTRE NOS	194
BETWEEN YOU AND ME	195
LOS POBRES	196
THE POOR	197
REVOLTEANDO	198
DOUBLE TAKE	199
LA CAJA DE HUEQUITOS	200
THE BOX WITH THE TINY COMPARTMENTS	201
TENTATIVA DE CANTO EN EL CAMINO	202
ATTEMPT AT A SONG ON THE WAY	203
LA PALABRA MISERICORDIA	206
THE WORD *MERCY*	207

VERSOS LIBRES POR VENECIA (2010)

FREE VERSES IN VENICE (2010)

EN VENECIA	210
IN VENICE	211
A CORTO VUELO	212
SHORT FLIGHT	213
TANTA POCA TIERRA	214
SO MUCH SO LITTLE LAND	215
OFICIOS NOCTURNOS	216
NIGHTLY OCCUPATIONS	217

AL ENCUENTRO	218
UPON MEETING	219
VENECIA	220
VENICE	221
CANCIÓN A LA EXTRANJERA	222
SONG FOR THE FOREIGN GIRL	223
POR EL GRAN CANAL	224
ON THE GRAND CANAL	225
LANCE	226
TOSS	227
MUSEO DE SÍ MISMA	228
MUSEUM OF ITSELF	229
MEETING AT NIGHT	232
MEETING AT NIGHT	233

EL COLOR DEL EGEO (2016)

THE COLOR OF THE AEGEAN (2016)

¿Adónde van estas aguas	242
Where do these waters go,	243
Es de todos el mar y de ninguno	244
The sea belongs to everyone and to no one	245
El Egeo es un mar inquieto y alegre,	246
The Aegean is a restless and happy sea,	247
No es fácil meditar en paz	250
It is not easy to meditate in peace	251
Es la luz	252
It is light	253
No por histórico y egipcio	254
It wasn't because he was historical or Egyptian	255
¿Qué sabe del mar	256
What does the small lizard	257
Mar	258
Sea	259
Con una sola mano	260
With just one hand	261
Por el cauce del entonces,	262

Down the waterway of back then,	263
Todos quisiéramos ir en ese barco	264
We all wished we could go in that boat	265
Ruge y ronca el viento contra los barcos.	266
The wind bellows and roars against the boats.	267
¿Qué me puedo llevar para los sueños?	268
What can I take with me for dreaming?	269
Caminando por Fokionos Negri,	270
Walking through Fokionos Negri,	271
No es la ola que perdió	272
It is not the wave that lost	273
A la sombra de los viejos barcos	274
In the shadow of the old ships	275
Sería Patmos, Kos o Rodas,	276
It must have been Patmos, Kos or Rhodes,	277
Como la poesía,	278
Like poetry,	279
Contra ese cielo de azul a blanco	280
Against the sky, blue fading to white,	281
Quien hizo en Samos	282
Whoever made a tunnel	283
Al golpe de los sentidos	284
I awake today	285
Hay una hora en el Egeo	286
There is an hour in the Aegean	287
Es de por aquí,	288
It's from around here,	289
Vino de bruces con el sol en los ojos.	290
He came headfirst with the sun in his eyes.	291
No puedo pasar por alto	292
I cannot leave out	293
¿Que vine a desentrañar	294
What did I come to figure out	295
About the Author	297
About the Translator	299

MI AMIGO EL POETA ARMANDO ROMERO
Álvaro Mutis

La poesía es un ejercicio para condenados. Los poetas transitan por la calle con el rostro y con los gestos de los demás transeúntes y sólo así sobreviven porque si hubieran de vestirse con el traje de amianto y fósforo que les corresponde, las gentes huirían a su paso y el pavor reinaría a su alrededor como una luminosa corona justiciera. Los poetas entienden esta situación y aceptan la penosa carga de este mimetismo humillante. Pero queda una zona en donde esta condición de víctima señalada por los siete dedos de la lucidez, la belleza, la ira, la intemporalidad, el sueño, la muerte y el amor, es inocultable. Esta zona la señalan las palabras del poeta, su mirada y su trato con los demás condenados.

Yo no conozco ejemplo más elocuente de esta condición, que señalo con la altanera humildad del amigo, que el de Armando Romero. Así se me apareció un día en México y dejó en mi oficina, al despedirse, esta estela de ozono, ese murmullo de diamantes que estallan en cadena, que son los signos que deja el poeta a su paso. Lo frecuenté luego, nos hicimos amigos, leí su poesía y sus relatos y ni una sola palabra suya desdijo o traicionó esa cauda de cometa visionario que había dejado. Lo sigo viendo a mi paso, ¡ay!, fugaz y atropellado a mi pesar, por Caracas y siempre me deja esa impresión vigorizante, enternecedora y temerosa de haber estado con alguien que visita regiones y seres del dominio maldito, de los que saben y no olvidan, de los que ven y jamás padecen las tinieblas.

Esta poesía de Armando Romero no tiene antecedente en ninguna escuela o grupo conocidos. Yo no le encuentro esas raíces, esos rastros que denuncian presencias ajenas, visiones retomadas, condición por cierto nada peyorativa siempre que esas presencias y esas visiones sean grandes y valederas. Yo encuentro en la poesía de Romero un acercarse, un palpar y un narrar, luego, un mundo que le es esencial y sólo compartible a través de la delgada rendija de sus poemas. Qué envidiable y qué terrible condición es ésta. No creo que esta poesía goce -o padezca, según se mire- lo que suele llamarse una gran difusión, una cierta popularidad. Son poemas, escritos sólo para poeta, son como agua una noria febril devolviera a su cauce primero.

El hacer esta poesía, el vivirla como la ha vivido Armando Romero, es lo que hace de un poeta un condenado. De allí la desolación y el amor, el desorden y la dicha que siembra a su paso por entre las gentes.

MY FRIEND, THE POET ARMANDO ROMERO
Álvaro Mutis

Poetry is an activity for the condemned. Poets walk through the street with the face and the gestures of the passers-by and only in this way do they survive; because if they had dressed themselves with the robe of asbestos and phosphorous which they should be wearing, people would flee from their footsteps and terror would reign all around like a luminescent crown of justice. Poets understand this situation and accept the painful burden of this humiliating camouflage. But a place remains where this condition of 'victim' marked by the seven fingers of clarity, beauty, ire, timelessness, dreams, death and love cannot be hidden. The words of the poet, as well as his gaze and his interaction with the other condemned poets, point to this place.

I do not know a more eloquent example of this condition, which I point out with the proud humility of a friend, than that of Armando Romero. This is how he appeared to me one day in Mexico and as he said goodbye, he left in my office this wake of ozone, that murmur of diamonds that explode in a row, which are the signs left by the poet in his wake. I frequented him later, we became friends, I read his poetry and his stories, and not a single word of his contradicted or betrayed that visionary comet tail he had left behind. I continue to see him as I pass through Caracas, oh, fleetingly and tripping over myself, and he always leaves me that invigorating, heartwarming and fearful impression of having been with someone who visits regions and beings of the accursed domain, of those who know and do not forget, of those who see and never suffer the darkness.

This poetry of Armando Romero has no antecedent in any known school or group. I cannot find those roots, those vestiges that announce others' presences, reworked visions, a condition which is not by the way at all depreciative as long as those presences and those visions are grand and worthy. In Armando Romero's poetry I find an approach, a feeling and a way of narrating a world that is unique to him and can only be shared by means of the slender crevice of his poems. How enviable and how terrible a condition this is. I do not believe that this poetry enjoys – or lacks, depending on how one looks at it – that which is usually referred to as a large diffusion, a certain popularity. His poems, written solely for poets, are like water that a fervent wheel returns to its original spring.

Having made this poetry, having lived it like Armando Romero has lived it, is what turns a poet into a condemned man. From this come desolation and love, disorder and joy that he sows with his footsteps among the people.

EL POETA DE VIDRIO (1961-1979)

THE GLASS POET
(1961-1979)

EL ÁRBOL DIGITAL

Era un hombre al que le habían enterrado su mano derecha
Pasaba sus días metido en una pieza vacía
Donde se sentaba
Los pies contra el ángulo superior de la ventana
Y su mano izquierda sosteniendo un ojo de buey
Por el cual los rinocerontes
Ensartaban su cuerno
Y hacían brillar su corteza metálica

Le había dado por ser poeta
Y se pasaba todo el tiempo hablando de la guerra
De tal manera
Que había descuidado su mano derecha
Esta creció lenta y furiosamente
Y sin que él se diera cuenta
Atravesó el mundo de lado a lado

Cuando los niños de la parte norte de Sumatra
Vieron aparecer un árbol sin hojas y sin frutos
Corrieron espantados a llamar a sus padres
Estos vinieron con sus gruesas espadas
Y cortaron el árbol de raíz
Un líquido blanco lechoso salió de la corteza tronchada

Desde ese entonces
El hombre como un poeta
Siente un dolor terrible
Agudo
En un sitio del cuerpo que no puede determinar

THE DIGITAL TREE

There was a man whose right hand had been buried
He spent his days stuck in an empty room
Where he sat
His feet propped against the upper angle of the window
And his left hand holding up a porthole
Through which rhinoceroses
Threaded their horns
And made their metallic bark glimmer

It was his fortune to be a poet
And he spent all day talking about the war
To such an extent
That he had forgotten his right hand
Which grew slowly and furiously
And, unbeknownst to him,
Passed through the world from one side to the other.

When the children from Northern Sumatra
Saw a leafless, fruitless tree appear
They ran frightened to call their parents
Who came with their thick swords
And cut down the tree at the roots
A milky-white liquid came out of the cut bark

Ever since then
The man, as a poet,
Feels a terrible pain
Sharp
Somewhere on his body that he cannot place

FLORES DE URANIO

Llegaron los tres al mismo sitio
Pidieron espumeantes bebidas
Saludaron a la amable concurrencia
Llegaron los tres a la misma mesa
Tomaron humeantes pociones
No conocían a nadie
No estaban incómodos

Y he aquí
Que cuando los tres se encaramaron
Sobre la cornisa
Sobre la ventana
Sobre el agujero
La mujer de la cantina dijo no se asusten
que ellos eran una nueva flor traída de Oriente

Pero cuando descendieron
y mataron a toda la concurrencia
Ella dijo antes de morir que no había nada que temer
Que se había equivocado de jardín
Que se había equivocado de flor
Y que en vez de traer flores de Buda
Había traído flores de Uranio

FLOWERS OF URANIUM

All three of them arrived to the same place
They ordered frothy drinks
They greeted the friendly spectators
All three of them arrived at the same table
They drank smoking potions
They didn't know anybody
They were not uncomfortable

And behold
When the three of them climbed up
Over the ledge
Over the window
Over the hole
The mistress of the bar said don't be scared
that they were a new flower brought over from the Orient

But when they came down
And killed all of the spectators
She said, before dying, that there was nothing to fear
That she had chosen the wrong garden
That she had chosen the wrong flower
And that instead of bringing flowers of Buddha
She had brought flowers of Uranium

DEL AIRE A LA MANO

> *Cada vez que lo lanza*
>
> *cae, justo,*
>
> *en el centro del mundo.*
>
> OCTAVIO PAZ

Se envolvía lentamente de manera que la cuerda
No quedara una sobre otra a cada vuelta.

En la mano el trompo
Quedaba contra la curvatura de los cuatro dedos largos
Mientras el pulgar lo sostenía por fuera.
Un extremo de la cuerda anudado al dedo central.

Se miraba.
Los nervios tensos.
Y se lanzaba al aire
En tal forma que cuando iba llegando al suelo
Un leve tirón a la cuerda lo hacía retroceder
De nuevo a la mano.

Todos los miraban
y había orgullo del bueno en su porte.
Con él en la mano, girando.

Nunca lo logré. Tiré una y otra vez
Pero en vano.

¿Podré escribir este poema?

Hay una solución para cada respuesta.
Es cierto.
Pero nunca pude tirarlo del aire a la mano.
Y es todo.

Armando Romero

FROM THE AIR TO THE HAND

Every time one throws it,
it falls, just so,
to the center of the world.
OCTAVIO PAZ

The top slowly wrapped itself up in such a way
that no length of the rope
fell over the other at each turn.

It rested in the hand
Against the curvature of the four long fingers
As the thumb held up its outside.
One end of the rope was knotted to the middle finger.

Looking at it.
Tense nerves.
And thrown into the air in such a way that
when it was about to hit the ground
A soft tug on the string made it come back up
To the hand again.

Everyone watched him
and there was the pride of mastery in his bearing.
With this thing on his hand, spinning.

I was never able to do it. I spun it again and again
But in vain.

Can I write this poem?

There is a solution to every answer.
It's true.
But I was never able to pull it from the air to my hand.
And that is all.

From the Air to the Hand / Del aire a la mano

ALQUIMIA DEL FUEGO INUTIL

En el horno de piedra
Donde el fuego brota
Hay silencio

Las figuras que surgen
Tienen el idioma universal
Del fuego y de la piedra

Cambian sus palabras como gritos de colores

Aman y desaparecen
A primera vista
Crean y destruyen
Al aleteo de los ojos

Nunca se encuentra dos veces la misma forma

En el fuego En el silencio En la piedra
Hay algo que llamea
Que no es el fuego
Hay algo que canta
Que no es el silencio
Hay algo que se endurece
Que no es la piedra

ALCHEMY OF THE USELESS FIRE

In the stone oven
Where the fire flares up
There is silence

The figures that arise
Bespeak the universal language
Of fire and of stone

They change their words like shouts of colors

They love and disappear
At first glance
They create and destroy
At the fluttering of the eyes

They are never found twice in the same form

In the fire In the silence In the stone
There is something that blazes
That is not fire
There is something that sings
That is not silence
There is something that hardens
That is not stone

From the Air to the Hand / Del aire a la mano

LAS DOS PALABRAS

Un Monte es un Monje parado sobre su cabeza
Un Monje es un Monte sentado sobre sus pies

Monte y Monje
Son la misma cosa

El Monte con su cabellera de fuente de lodo
El Monje como un siluro dando coletazos al aire
No hay un Monte que no haya cabalgado sobre un Monje
No hay un Monje que no haya arrancado de raíces un Monte

Los Monjes se dan silvestres
Oran como relojes de péndulo
A garrotazos
Silvosos como una misa en la calle pelada

Un Monte que grita
Es un Monte que calla

El Monje corta el Monte con una cuchilla
El Monte desgarra el Monje con un serrucho

Hay que hablar bien para que todo quede claro

THE TWO WORDS

The Mount is a Monk standing on his head
A Monk is a Mountain sitting on his feet

Mount and Monk
Are the same thing

The Mount with its hair of upspringing mud
The Monk with his catfish shaking its tail in the air
There is no Mount that has not ridden atop a Monk
There is no Monk that has not ripped up a mountain at its roots

The Monks whip themselves wild
They pray like pendulum clocks
Beaten by clubs
Sylvan like a Mass held in the naked street.

A Mount that shouts
Is a Monk that keeps quiet

The Monk cuts the Mount with a knife
The Mount slices the Monk apart with a saw.

One must speak well so that everything is understood.

LA NOCHE REGRESO A MI BOLSILLO

Extrañas mañanas ha repartido el lechero

Las sábanas, las cobijas, caen pesadamente por el suelo
Los sueños y las pesadillas huyen con sus carcajadas de aves submarinas
Los ojos acostumbran la claridad
Reconociendo huellas olvidadas por ángeles guardianes
Alguien amanecerá limpiándose los huesos con su larga lengua de cristal

Extrañas mañanas ha repartido el lechero

Los overoles, las camisas, caen desde las altas alambradas a las calles
La luna ya no muerde a nadie
Han desfilado los buses, los automóviles. Se han perdido las esquinas
Alguien irá diciendo:

    No hay día tan peligroso que me atrape besando tus manos

Extrañas mañanas ha repartido el lechero

Las flores chupan el agua helada con sus poderosos pitillos perfumados
En la cama el cuchillo busca más y más la profundidad de su pecho
Él duerme. Feliz
La madre detuvo al recién nacido para decirle:

    Destrozarás el mundo con tus pequeños garfiecitos
    y el mundo estará todo arañado y pasará gritando

Extrañas mañanas ha repartido el lechero

Se devoran una a una las bocas que aburren y hastían
Sobre la mesa el libro azul que se abre en el sitio de las impudicias
Él duerme. Feliz
Alguien frente al espejo dirá:
    Sabes que estoy aquí, que tengo conciencia de lo que me pasa
    y no me lo perdonas

Armando Romero

THE NIGHT RETURNED TO MY POCKET

The milkman has delivered strange mornings

The sheets, the blankets, fall heavily about the floor
The dreams and the nightmares flee with their laughter of submarine birds
Eyes get used to the clarity
noticing the forgotten footprints of guardian angels
-Someone will wake up cleaning their bones with their long, glass tongue-

The milkman has delivered strange mornings

The overalls, the shirts, fall from the high wire fences to the streets
The moon has ceased biting people
The buses and the cars have filed past. The corners have disappeared
Someone will likely go by saying:

> *There is no day so dangerous as to trap me kissing your hands*

The milkman has delivered strange mornings.

The flowers suck at the cold water with their powerful perfumed straws
In bed the knife seeks deeper and deeper in his chest
He sleeps. Happy.
The mother stopped the newborn to tell him:

> *You will destroy the world with your itsy-bitsy pinkies*
> *and the world will be all scratched up and it will go by shouting*

The milkman has delivered strange mornings.

The mouths that get bored and wear themselves out devour each other
On top of the table the blue book that opens to the place of shamelessness
He sleeps. Happy.
Someone in front of the mirror will say:
> *You know that I am here, that I am aware of what is happening to me*
> *and you don't forgive me for it.*

From the Air to the Hand / Del aire a la mano

Los anteojos van a estrellarse contra la ventana
El lápiz labial que ayer se derretía sobre la acera
es hoy una mancha de sangre sobre el asfalto

Extrañas mañanas ha repartido el lechero

The eyeglasses are going to shatter against the window
The lipstick that was melting yesterday on the sidewalk
today is a bloodstain on the asphalt

The milkman has delivered strange mornings.

EL AGUACERO EDIFICABLE

La música cambia nuestras paredes
Las retuerce hacia dentro
-Se desmide por las extremidades de las sillas
Y se saluda a sí misma
Dando tiros de gracias
                Con trompeta

(Sí, Armstrong, tienes razón,
hizo la noche demasiado larga,
nos dio vida con amor)

Trompeta que enreda la cuerda de mi cabeza
Que se desgrana en este momento
Para hablar
Des cuidadamente
Con el balanceíto aquél

(Ray, llévanos con tu vara ciega
por la Zona Peligrosa de la Mente
y sorpréndenos otra vez)

 Nena yo lo oigo por ti
Caigo como un cigarrillo en mis manos
Encendidas
Se dice que estoy en trance
Como si estuviera entrando a tu guarida

(I'm walking through heaven with you,
repitió jimmie con los pies listos a danzar)
Sordina
      con
           Limbo
               y
              Sonido
                  de
                    Nada

Armando Romero

THE BUILDABLE DOWNPOUR

Music changes our walls
It twists them inward
-It exceeds the edges of the seats
And greets itself
Shooting coups de grace into the air
                      with a trumpet

(Yes, Armstrong, you're right
it made the night too long,
it gave us life with love)

Trumpet that winds the string of my head
That is becoming unstrung this very moment
In order to speak
Un carefully
With that certain slight balance

(Ray, lead us with your blind cane
through the Dangerous Region of the Mind
and surprise us again)

Doll I listen to him for you
I fall like a cigarette in my hands
Lit on fire
It's said that I'm in a trance
As if I were coming into your lair

(I'm walking through heaven with you,
repeated Jimmie with his feet prepared to dance)
Mute
       with
              Limbo
                      and
                              the Sound
                                    of
                                          Nothing

From the Air to the Hand / Del aire a la mano

(Todavía predicas como un sermonero, Bubber)

Se la traga entera
El que no crea
Que estoy chiflando melodía
Con Thelonius Monk
Y Charlie Parker
Y todos los muchachos que vinieron esta noche
A mi habitación con la cuenta del alumbrado como serenata
What do you say?
Silencio
Ellos cantan

(You still preach like a preacher, Bubber)

You swallow it whole
You who disbelieve
That I'm whistling melody
With Thelonious Monk
And Charlie Parker
And all those guys that came tonight
To my room with the story about the streetlight like a serenade
What do you say?
Silence
They're singing

MIS FANTASMAS

Iba a hablar de mis
fantasmas…
pero
¿Cómo puedo
hablar de mis
fantasmas
si no los
he visto todavía?
Se enreda la sombra
por la trepadora de
mi boca
y me quedo largo tiempo
asomado al infinito
como el perro al cuadro
vacío de la ventana
y sé
que pilas de
fantasmas
podrán brotar de
un momento a otro
como manantial
a su arroyo
y que
a pesar de todo
yo que canto
no podré hablar de mis
fantasmas
sin haberlos visto
todavía

MY GHOSTS

I was going to speak of my
ghosts...
but
How can I
speak of my
ghosts
if I have yet
to see them?
The shadow tangles up
with the twining stem of
my mouth
and for a long time I stay
leaning out to the infinite
like the dog at the empty
painting of the window
and I know
that piles of
ghosts
could sprout up from
one moment to another
like a spring
to its stream
and that
in spite of everything
I who sing
will be unable to talk to my
ghosts
without having seen them
yet

POEMITA DEDICADO CON CARIÑO A LA MEMORIA DEL SEÑOR ISIDORE DUCASSE (Q.E.P.D.)

La gente se ha sucedido en quemante procesión
Contra tu rostro y tu cuerpo viejo amigo
Y han dicho:

Te crecerán dientes en vez de pelos
y aparecerán agujas por tus poros
Cortarán de un solo tajo tus entrañas
y coserán tu vientre con ametralladoras
Te lanzarán como piedra al abismo
y te caerán abismos en la cabeza

Pero tú estás allá junto a Él
Escuchando estas Fábulas que bien escribiste
Interpretadas por Coros Angélicos en el Cielo Izquierdo
Mientras que en el Cielo Derecho cantan esas tus Poesías

Y estarás en Silencio
Mientras Él meditando escuchará a sus Santos que dirán
Esto es una delicia
Y con su sonrisa de viejo sabio te mirará y comprenderá
Luego, pasándote su brazo por encima del hombro
Y mientras te conduce por un amplio laberinto te irá diciendo
Haz lo mismo que yo,
Olvídate de todo cuando estés en el Paraíso
Y tú, polvoroso Conde, lanzarás entonces contra la cara de Él
Tu estridente carcajada
Dicen que en los Cielos el asombro ha remplazado la cordura

Armando Romero

A LITTLE POEM DEDICATED WITH LOVE TO THE MEMORY OF MR. ISIDORE DUCASSE (R.I.P)

People have come one after the other in burning procession
Against your face and your old body, my friend
And they have said:

Your teeth will grow instead of your hair
and holes will sprout through your pores
They will cut out your innards with one slash
and they will sew up your stomach with machine guns
They will throw you like a stone into the abyss
and abysses will fall on your head

But you are there next to Him
Listening to these Fables that you wrote so well
Performed by Angelic Choirs on the Left Side of Heaven
While on the Right Side of Heaven they sing your poems

And you will be in Silence
While He will meditatively listen to his Saints that will be saying
This is delightful
And with his wise old man's smile he will look at you and understand
Then, putting his arm around your shoulder
And while leading you through a spacious labyrinth he will be telling you
Do what I do,
Forget about it all when you're in Paradise
and you, dusty Count, will cross His face with
Your raucous laugh
They say that in Heaven astonishment has replaced sanity

EXTRAÑOS SERES
RELUCIENTES CIUDADES

Cuando las formas luminosas que se reflejaban
en mis ojos tomaban consistencia corpórea
Y cuando alargando mis manos podía tocarlas
Comenzaban a bailar en mi presencia
extraños seres y relucientes ciudades
Y era difícil escapar de la bella posibilidad
de mezclarse con ellos de perderse
Las noches se sucedían ágilmente
saltando las cuerdas flojas de los relojes
Los mares se estrellaban contra mi cuerpo
como tanques amanerados de la guerra
El sonido del tren desatornillándose de risa
ante la presencia ineludible del descarrilamiento
Las máscaras ocultando los rostros desconocidos de dios
Los gritos de las paredes ante la herida de los cuadros

Oh extraños seres
Oh relucientes ciudades
El mundo se me está viniendo encima con toda su algarabía

Salteadores de autos en caminos
como caminos hurtándose lo profundo de la noche
Muchachas de bluejeans
como bluejeans puestos a escurrir en las alambradas
Nadaístas desenfrenados acuchillados en las esquinas
como esquinas de una moral sin salida
Pederastas recogidos por el viento
como instrumentos de viento solitarios dentro del humo
Cuchillos entrando y saliendo sobre las fascias
como fascias de esqueletos fosilizados en las pirámides de papelillo
Besos prolongados sobre los parabrisas
como parabrisas que han detenido el encanto de la noche
Médicos corrigiendo heridas
como heridas que aparecieron luego de que todo se hubo consumado
Lágrimas confundiéndose con el plasma

STRANGE BEINGS
SHIMMERING CITIES

When the luminous shapes that reflected
in my eyes assumed bodily consistency
and when, stretching out my hands, I could touch them
They began to dance in my presence
strange beings and shimmering cities
And it was difficult to get away from the beautiful possibility
of getting mixed up with them, of losing oneself
The nights followed one after the other with agility
jumping over the loose windings of the clocks
The seas crashed against my body
like effete tanks of war
The sound of the train shaking out its screws with laughter
before the inescapable presence of the derailment
The masks hiding the unknown faces of god
The shouts from the walls before the wound of the paintings

Oh strange beings
Oh shimmering cities
The world is falling down on me with all its commotion

-Carjackers on roads
like roads stealing the depth from the night
Girls in blue jeans
like blue jeans hung to drip on the wire fences
Out of control *Nadaístas* knifed on the street corners
like the corners of a dead-end morality
Pederasts picked up by the wind
like wind instruments alone within the smoke
Knives coming and going over the fascia
like the fascia of fossilized skeletons in the confetti pyramids
Kisses drawn out over the windshields
like windshields that have held up the night's enchantment
Doctors fixing wounds
like wounds that appeared once everything had been finished
Tears mixing up with the plasma

como dolor que se ha plasmado sobre los rostros de las vírgenes
Abortos en los teatros
como bellas prácticas de teatro futurista

¿Y qué voy a hacer yo contra todo este mundo
que se me está cayendo encima?

Nada

Sólo sé que estoy feliz
Que tengo unos pocos pelos en el pecho
que bastan para aplacar todas las balas
Y que te estoy amando
A pesar de todo
Y que te amaré
No importan las citas no concurridas
Ni los gritos al teléfono

like the pain affixed on virgins' faces
Abortions in the theaters
like the beautiful rehearsals of Futurist theater

And what am I to do against this whole world
that is falling down on me?

Nothing

All I know is that I am happy
that I have a bit of chest hair
enough to keep at bay all the bullets
And that I am loving you
In spite of everything
And that I will love you
Regardless of the dates you didn't show up
Or the shouting over the telephone

CARTA DE AMOR

Luego de las tinieblas no son más que insectos
que chupan las luces.
Luego del llanto no son más que hombres
quienes desean amar.
Lo dicho es esto mas no lo otro que sabemos.
Acércate entonces a esta cueva que te espera.
No es posible que se incline quien no piensa caer,
a no ser que caiga de espaldas abiertas a nuevos mundos.
Mi frente va a rodar por la cuesta de tus muñecas,
va a estrellarse contra tu cuerpo, allá.
Es que los árboles se contraen al frote de esta alquimia de lo santo.
El que no piensa caer ni ser azotado
al viento de las hojas del huracán podría amarte, es cierto.
Pero ¿comprenderías por qué los niños imitan mis facciones de locura
cuando les grito de mi ventana a la calle?
Los niños son los únicos que entienden el significado de la lluvia.
No lo cuentan a nadie.
No.
Olvida que te lo diga.
No sé por qué hablo de la lluvia cuando nadie lo pregunta.
Te escribía esto cuando se murió de pronto André Breton.
Era más famoso que los pasteles de carne.
Te quiero.

LOVE LETTER

After the darkness they are nothing more than insects
that suck up the lights.
After weeping they are nothing but men
who desire to love.
This is what is said and not the other thing that we know.
Come nearer then to this cave that awaits you.
It is not possible for someone to bend if they don't plan on falling,
unless they fall open and backwards to new worlds.
My brow will roll down the hill of your wrists,
it will crash against your body, there.
You see that the trees contract when brushed with the alchemy of the holy.
He that doesn't plan on falling nor being whipped
by the wind of the hurricane leaves could love you, it is true.
But would you ever understand why the children imitate my mad features
when I scream down at them in the street from my window?
Children are the only ones to understand the meaning of the rain.
They don't tell anyone about it.
No.
Forget I said anything about it.
I don't know why I talk about the rain when nobody asked.
I was writing this to you when André Breton died unexpectedly.
He was more famous than meatloaf.
I love you.

CARTA A F. L.

Ahora que siento deseos de escribirte
espero no vengan las vidrieras a encontrarse en mis ojos
espero no se me diga el barco ha encallado
y pierda la partida escarbando el aire con las manos
ahora salto
soy el maromero que recupera su cuerda
pero caigo de bruces en la noche
parada noche en una esquina
donde nos encontramos
y compruebo que es la misma noche
la que vivimos
y es el mismo idioma
y vamos a caminar nuestros huesos flacos por las calles
por qué será que siempre la calle
para conversar Nuestra Revolución madre santa de todos
los pecadores
ahora y en la hora
en que sentimos que una impresión rara era nuestro aliento
y prendiendo un cigarrillo
o sentados en un andén
o de cabeza en el cuartucho de la calle tercera donde habitabas
con una cama grande
una mujer que a veces te habitaba a ti y que asomaba la cabeza
por en medio de las sábanas
un tocadiscos
the giants of jazz
un libro de lin yu tang que alguien olvidó y despreciábamos
con toda la fuerza del alma como se dice
el viaje al fin de la noche
y prendiendo un cigarrillo
con ganas de nacer en otro sitio
aborreciendo estas montañas y esto que era país azotado
y demás
y eran nuestros deseos salir corriendo hacia la vida

LETTER TO F.L.

Now that I feel the desire to write you
I hope that the stained glass doesn't come to find itself in my eyes
I hope I'm not told that the ship has run aground
and that I might lose the departure scraping my hands in the air
now I leap
and I am the trapeze artist who recovers his rope
but I fall face down in the night
the night stopped on a corner
where we meet
and I observe that it is the same night
that you and I live
and it is the same language
and we are going to walk our thin bones through the streets
because it will always be the street
to talk about our Revolution holy mother of
sinners
now and in the hour
in which we feel the strange impression that it was our breath
and lighting a cigarette
or seated on the sidewalk
or on our heads in the dump on third street where you lived
with a big bed
a woman who sometimes lived in you and poked her head
out from the sheets
a record player
the giants of jazz
a book of lin yu tang that someone forgot and that we looked down on in scorn
with all of the power of our souls as it's said
the journey to the end of the night
and lighting a cigarette
with an itching to be born somewhere else
abhorring these mountains and this what was a ravaged country
and so on
and it was our desire to leave, running towards life

porque con minúsculas no la habían dejado
y tu vida
y la mía
caminando por nuestros ojos
era todo lo que teníamos
para darnos y para dar
y la cochina literatura que después enreda las cosas
pero que amamos
artaud y sus tarahumaras
miller y sus naranjas
y mientras esto la vida que nos circunda
no ha de detenerse
sigue adelante
y nos fuimos en lo que debería llamarse
y en efecto se llamaba
los bajos fondos
la Zona Negra
de esa ciudad que no se cubría el cuerpo a nuestro paso
y ahora
llegando a un
Nuevo Capítulo
de pronto abandonas el trabajo
para ese entonces tampoco tenía yo nada que abandonar
y te retiras por fin
de la apariencia de un día subgerente
el gran problema de tu vida
tener demasiadas actitudes para algo que despreciabas
te acompañé por el pago de liquidación
y hablamos del mar
y te conté de nuevo mis sumergimientos por el mundo de los viajes
el mar en la noche
y las luces que se prenden se apagan
y me dijiste
sin ponerle un pisapapel a tus manos
madrugaré al sol desde la india
sacrificaré mi cabeza en una pirámide azteca

because they hadn't let us in lower case
and your life
and mine
marching through our eyes
was all that we had
to give to each other and to give
and the shitty literature that tangles things up later on
but that we love
artaud and his tarahumaras
miller and his oranges
and in the meanwhile the life that surrounds us
mustn't be allowed to tarry
it goes on
and we left in what should be called
and effectively was called
the back streets
the Black Area
of that city that didn't cover up its body as we passed
and now
arriving to a
New Chapter
you suddenly walk out on your job
back then I didn't have anything to walk away from either
and you finally retire
from the apparition of an assistant manager's day
your life's great problem
having too many attitudes for something you despised
I went with you for the severance pay
and we spoke of the sea
and I told you again about my submersions into the world of voyages
the sea at night
and the lights that turn on turn off
and you said to me
without putting a paperweight on your hands
I shall wake up the sun from India
I shall sacrifice my head on an Aztec pyramid

From the Air to the Hand / Del aire a la mano

colgaré mis medias en una playa brasilera
dejaré ir mis ojos en una que sabemos de Dinamarca...
y te fuiste con el pasaporte que ya era viejo de manos
y borracho
pero no hablaste de que pararías en un puerto de ese país del
trópico que conocemos
y que allí te quedarías
con el rápido decir y reír
vendiendo el fruto de la máquina
la sopa de baratijas que descargaban los viejos barcos
limpiando el óxido de las chimeneas
o en plácidas ensoñaciones tirado en la playa sucia
y luego pasados unos meses nos encontramos aquella mañana en el
café suizo, se quemó ahora, yo llegaba con El Mago y mi vida alada
de siempre
y te dejamos razón para el abrazo en cl sitio de los cachivaches
luego de todo, hasta de limpiarnos los zapatos,
no somos muy pulcros, no,
caminamos por esa ruta de puerto ebrio, loco
y lo que hicimos fue el frotar de nuestras almas que se alargaban
hasta el roce de las prostitutas
y bailamos, recuerdo al Mago, solo, en la pista,
y ése está enmarihuanado, dijo una
nos reímos con fuerza
mas dijimos frases hermosas
lo siento así
no pagamos la cuenta
y dormimos en una cámara de concentración
donde, el traficante, el argentino marinero perdido enfermo,
el otro al que le alquilaste un pedazo de cama por un almuerzo
todos allí y el calor sube
el humo hacía toser al policía al lado que hacía el amor,
12 del día, y en la noche vamos a ver llegar el mar
con el muchacho que leía a Vargas Vila,
y otra vez me asusto con las golondrinas
de pronto me fui

I shall hang my socks on a Brazilian beach
I shall let my eyes follow a girl we know in Denmark...
and you went with the passport that was already hand-worn
and drunk
but you said nothing about stopping in a port of that tropical country
that we know
and that you would stay there
with its fast talk and its fast laughter
selling fruit from a machine
the knick-knack soup that they unloaded off of old ships
cleaning the rust off the smoke-stacks
or in placid daydreams stretched out on the dirty beach
and then some months later we met up that morning in the
Swiss café, it's burned down now, I was coming from El Mago and my
winged life as always
and we left you a message for the embrace in the knick-knack shop
after it all, even after cleaning off our shoes,
we are not quite so polished, no
we walked down the way through the intoxicated, crazy port
and what we did was the rubbing of our souls which reached out so far
as to brush up against the prostitutes
and we danced, I remember El Mago, alone, on the dancefloor,
and that guy is high, one girl said
and we laughed energetically
we also said some beautiful phrases
I feel it that way
we didn't pay the bill
and we slept in a crowded shack
where, the dealer, the sick lost Argentine sailor,
the other guy who lent you a corner of his bed in exchange for lunch
we were all in there and it gets hotter
the smoke made the policeman next to us cough as he made love,
12 noon, and at night we are going to see the sea arrive
with the boy who was reading Vargas Vila,
and the swallows scare me again
and all of a sudden, I leave

From the Air to the Hand / Del aire a la mano

caminando a pequeños saltos como una cucaracha
que busca
para no verte sino después de tiempo
cuando regresabas para ahora sí partir hacia donde…
 siempre allá tan lejos
con los sueños de una playa en el cerebro
un libro sobre el hombre y la semántica de su gobierno
yo andaba cojeando del sexo
enfermo desorbitados ojos
me fui a un pueblo
cuando regresé habías partido para otro puerto lleno
de maderas y aserrín
me dije que ya eras otro santo al día y te canonicé
en medio del humo, incienso bendito,
mientras el Mago ríe hecho un ovillo
y nos perdimos como corozos que rodaron por distinta teja
vagué por países de indios y desiertos
no sabiendo más de ti ahora que ibas sin saber que
volveríamos a reír bien fuerte
me emborraché ese año
sin marcas pero limpio
hice de la violencia mi propio folclor
y luché en el amor
y la revolución sin patas
y así
un sábado
cuando venía a cabezazo seco
por lo gris del Perú
encuentro que El Mago
informa de tu presencia en la India,
comiendo arroz con los derviches
y fumando haschich con los santones
esa noche me propuse escribirte de nuevo
en la pieza del hotel pero lo hice
sentado en la alfombra de la casa de un amigo que no quiso arrancar
la alfombra

walking in short hops like a cockroach
that seeks
to avoid seeing you again until some time has passed
when you were coming back for now yes to leave off towards…
always out there far away
with dreams of the beach in your brain
a book about Man and the semantics of his command
I went about limping from a sick
member eyes bulging
I went to a town
when I returned you had left for another port full
of lumber and sawdust
I told myself that you were already another saint of the day and I canonized you
in the midst of the smoke, blessed incense,
while el Mago laughs himself silly
and we lost sight of each other like palm nuts rolling down roofs
I wandered through countries of Indians and deserts
knowing nothing more of you now that you were leaving without knowing that
we would laugh loudly again
I got drunk that year
without a scratch but clean
I took the violence and made it my own personal folklore
and I fought in love
and the footless revolution
and so
one Saturday
when I was crossing through the grayness of Peru
at a headlong headbutt
I learn that El Mago
informs of your presence in India
eating rice with the dervishes
and smoking hashish with the holy men
that night, I resolved to write you again
in the hotel room but I did it
sitting down on the carpet in the house of a friend that didn't want to tear up
the carpet

From the Air to the Hand / Del aire a la mano

a pesar de mi disposición y mis cambios
te conté muchas cosas
me reí otras tantas
te imaginé chapoteando como una sardina en el río sagrado adquiriendo
cada vez más el aura de una satisfacción incontenida
quedé mudo luego
sordo y ciego
pero antes de todo te grité duro para que oyeras
monje querido
puedes pasar a estrechar esa mano que se me salió por Sumatra
una vez que ya se me olvida en el tiempo

in spite of my disposition and my changes
I told you many things
I laughed about many others
I imagined you splashing around like a sardine in the sacred river, acquiring
ever more the aura of an uncontrollable satisfaction
then I was mute
deaf and blind
but before all that I called out to you yelling so that you might hear
beloved monk
you may come shake that hand that sprung up on me around Sumatra one time
that, with time, I am forgetting

FROM CHICAGO

¿Quién dejó caer la campana desde la torre
y dijo aúllan los lobos cuando ya no los sepulta la nieve?
Hoy ha nevado desde mi ventana que es abril
y primavera en los periódicos
Hoy es Ike and Tina Turner que celebran la fiesta de sus cuerpos
desde voces que tienen para decir mucho más allá
La carta ayer por la noche
ya casi en el delirio de los ojos rojos que se clavan
sobre los objetos como puntillas que arden
Chicago es blanco de tormenta
Taima, la gata, le dice sí a los fríjoles de la soledad
que comemos diariamente
Si hoy dejo caer una mano sobre la alfombra
allí permanece hasta que mañana nuevo día la recojo,
la coloco sobre mi hombro,
o se queda varios días esperando el sonido de la máquina
que la haga saltar por sí misma
y colocarse firme sobre mis omoplatos
Camino como ese viejo surrealista
que no creía en los sueños
porque estaba siempre muy despierto dentro de ellos
y digo de la vida que sí también,
que me como su sopa amarga,
que la vomito sobre todas las piernas de la belleza,
digo de chapules y saltamontes
que habitan castillos como de lana,
blandos pechos no recogen mi cabeza,
me duelo duro contra el suelo pelado
El amor se va solo por la avenida
y todos asquean de bocas buscándolo
Yo también asqueo de amor de fieras
que comen desde adentro
Yo también purulento los amaneceres
con la palabra mierda

FROM CHICAGO

Who let the bell fall from the tower
and said that the wolves howl when the snow no longer buries them?
Today it has snowed from my window which is April
and springtime in the newspapers
Today it's Ike and Tina Turner who celebrate the festival of their bodies
from voices that have things to say that go much further
Yesterday's letter at night
already almost in the delirium of red eyes that latch
onto objects like burning tacks
Chicago is white from the storm
Taima, the cat, says yes to the beans of solitude
that we eat every day
If today I let a hand fall over the carpet
there it remains until tomorrow a new day I pick it up,
place it over my shoulder
or it stays for a few days waiting for the sound of the typewriter
to make it leap up of its own accord
and put itself firmly on my shoulder blades
I walk like that old surrealist
who didn't believe in dreams
because he was always so very awake within them
and of life I say yes as well,
that I'll eat its bitter soup,
that I vomit it over all the legs of beauty,
I speak of locusts and grasshoppers
that live in wool-like castles,
soft breasts don't pick up my head,
I ache sorely against the bare ground
Love goes off alone down the avenue
and everyone sours their mouths looking for it
I also disgust myself with the love of beasts
who eat from the inside
I am also festering with sunrises
with the word shit

Chicago quema como los dedos de la máquina en la cara
Carl Sandburg es un edificio de apartamentos
Yo le digo adiós a "la biblia" de ojos rosados
que estrecha sus piernas contra el mostrador
Yo le digo "hola" al evangelio de las sonrisas
que se pierden dentro del reflejo amarillo
de las cervezas
El árbol solo que camina batallas desnudo
Soy
Y quisiera encontrar todos los objetos perdidos
en una noche de cartas mágicas
Por ejemplo encontrar el mundo la estrella
la fuerza los amantes el mago
Hoy es el cuatro de octubre en Caracas
y tengo 20 bolívares en el bolsillo
Hoy quemaré velas a la luz *blues* de Lincoln Avenue
En el barrio Sur habrá negros incendios de todos los días
Hoy no pensaré de Latinoamérica más que para decir
Howareyou?
Porque hoy es el 4 de octubre en Caracas
y tengo 20 bolívares en el bolsillo
Hoy se cierra una puerta
Y se abren otras
Hoy escribo y pienso en ti
Hoy te veo viéndome verte
Sale el sol por primera vez en el día
El tren pasa mohoso de bulla sobre los rieles
Creo que estaré en México comiéndome de sol a los aztecas
Pienso no pensar y se abren miles de conchas
El viejo Cendrars me repite constantemente
Quand tu aimes il faut partir
Y me lo dice hoy
Y me lo dijo el 4 de octubre de *1969*
Y yo lo comprendo al ver la fuerza de mis pelos en punta
No lloraré más sobre los alcantarillados
Diré okay al cielo azul y al mar

Chicago burns like the fingers of the typewriter in your face
Carl Sandburg is an apartment complex
I bid farewell to "the Bible" of pink eyes
who stretches out her legs against the counter
I say "hello" to the gospel of smiles
that lose themselves within the yellow reflection
of beers
The lone tree that walks its battles naked
I am
And I would like to find all the objects lost
one night of magic cards
For example, find the world the star
the power the lovers the wizard
Today is October 4th in Caracas
and I have 20 bolivars in my pocket
Today I shall light candles to the *blues* light of Lincoln Avenue
On the South side there will be the usual black conflagrations
Today I won't think about Latin America any more than enough to say
Howareyou?
Because today is October 4th in Caracas
and I have 20 bolivars in my pocket
Today a door closes
And others open
Today I write you and think about you
Today I see you seeing me see you
The sun rises for the first time today
The train passes moldy with racket over the rails
I think I will be in Mexico eating up the Aztecs with the sun
I think about not thinking and thousands of conch shells open
Verses of old Cendrars repeat themselves constantly
Quand tu aimes il faut partir
And he says it to me today
And he said it to me on October 4th 1969
And I get it when I see the power of my hair standing on end
I won't cry any more over the sewer grates
I'll say *ok* to the blue sky and the sea

From the Air to the Hand / Del aire a la mano

Me iré con él y contigo a beber bajo los techos azules de Chagall
A crear el mundo con pantalones de vaquero
A reír de risas mientras se voltean las ideas
Y hoy ya no será el 4 de octubre de *1969*
Hoy será el 7 de abril de *1972*
Y desde Chicago para vos
Será mi amor de siempre

Armando Romero

I'll go off with him and you and drink under Chagall's blue ceilings
To build the world with blue jeans
To laugh up laughter while ideas turn over
And today will no longer be October 4th 1969
Today will be April 7th 1972
And from here in Chicago for you
it will be my love, always.

LOS MÓVILES DEL SUEÑO (1975)

Armando Romero

THE MOBILES OF DREAMING (1975)

VAGABUNDO

Con la cabeza a pájaros
Ruedo por el mundo
Y así consigo el doble cielo
De la hoja y su contorno

No detengo mi camino
Cuando en el mar
Se perfilan los obenques

De contrario sigo
Y mis pies se llevan huellas
De la arena

Es el viento entonces
Tan metido en la piel
Y en los cabellos

Es el jugo de las frutas
Al abrirse eterno
El paraíso de su carne

Con la cabeza a pájaros
Ruedo por el mundo

VAGABOND

Flighty as I am
I roll through the world
and thus I acquire the double heaven
of the leaf and its surroundings

I don't stray from my path
when in the sea
the shrouds mark their outline

On the contrary I continue
and my feet carry with them the
sand prints

Then it is the wind
so deep in my skin
and in my hair

it is the juice of fruits
that when the paradise of her flesh
opens eternal

Flighty as I am
I roll through the world

CUMBIA

La escaramuza de los timbales
Altera quevedos y cadencias
Convierte imagen de mariposa
En polvo simple o sortilegio

Los cuerpos en la danza
Arrebatan selva al espíritu
Y precipitan el paso que
Los devuelve a lo desconocido

Más acá el ave llena de la luna
Los encuentra de ojos vigilantes
Sobre la maraña del camino
Que siempre es fin y principio

El ascenso de las flautas orea
Como las sábanas desde el patio
Y ellas allá en la noche se desnudan
A vela y tierra transformadas

Si hay paz no es guerra
Sólo el zumbido de las palmas
Y la noche es la danza que se baila
Y el día es aquella que se sueña

CUMBIA

The skirmish of the timbales
alters specs and rhythms
changes the image of the butterfly
into simple dust or spell

The bodies in the dance
wrest jungle from the spirit
and hasten the step that
returns them both to the unknown

In the here and now the moon-swollen bird
finds them all with watchful eyes
over the tangled mess of the path
that is ever the end and beginning

The ascent of the flutes airs outward
like the bedsheets in the backyard
and the women there in the night all disrobe
transformed into candles and earth

If there is peace it is not war
just the buzzing of the palm trees
and the night is the dance that is danced
and day is the woman that is dreamed

SILENCIO

¿Cuándo conseguiré otra vez el silencio?

Catedral que no necesita palabras
Raya de tiza que corta la avenida

SILENCE

When will I acquire silence once again?

Cathedral with no need for words
Line of chalk that cuts across the avenue

VIAJERA

En cuanto a los árboles
Tiene cabellos como batidora de plantas
Sube en soga por la miel de las raíces
Y en la punta de las hojas es cristal de agua

En cuanto a las noches
Camina por el añil en fondo
Dejando humo y sonido como vapor de fuego
Chispa de seno en curva adolescente

Es amor de múltiples amantes
Trigo en aire de inigualado desenfreno
Astilla firme en el corazón de los pájaros
Ovulo centro que esperma y desaparece

Hada en techos de zinc y asbesto
Muévese como trepadora en cruz sobre la rama
Precisa como gotera a medianoche
Da paso a un nuevo ruido

Esperándola estamos los hombres de la tribu
En la danza de abeja con olor a signo
Callados a la espera de palabras
Es a nosotros su más certero desafío

Mírala venir de ella en agua
Mírala caminar de ella en árbol
Mírala flotar de ella en noche
Mírala partir de ella en pájaro

TRAVELING GIRL

In terms of the trees
She has tresses like a whisk of plants
Noose-like she climbs up the honey of the roots
and at the tip of the leaves is water crystal

In terms of the nights
she walks through the indigo at bottom
Leaving smoke and sound like the fire's vapor
Spark of breasts in adolescent curve

It is the love of multiple lovers
Wheat in an air of unequaled frenzy
Strong splinter in the heart of the birds
Ovum center that sperms and disappears

Fairy on tin and asbestos roofs
She moves like a creeper crossways over the branch
Exact as a leak at midnight
She makes way for a new sound

We the men of the tribe are waiting for her
in the bees' dance with its smell of signs
Silently awaiting words
For us it is her greatest challenge

Look at her coming as water
Look at her walking as tree
Look at her floating as night
Look at her parting as bird

NOSTALGIA

Hay un alejado ángel
Del chorro primero y abundante

Sus alas de velos de color
De fuego
Niegan aguas y ondas

Se mece en hoja de talco
Y es lento como si comprendiera
El infinito diálogo de los espejos

En sus ojos
A flor de agua o a raíz de aire
La rama de un carbonero
Se humedece

Luego vendrá a su cuerpo
La nostalgia
Como hilos ligeros que flotan
En la atmósfera
Por las tardes de otoño

NOSTALGIA

There is an angel exiled
from the first and plentiful waterfall

Its wings, veils of color
and fire
refuse waters and waves

It rocks itself on a leaf of talc
and it is slow as if it understood
the infinite dialogue of mirrors

In its eyes
at the surface of the water or the root of the air
a branch of the mimosa tree
gets wet

And later nostalgia
will come to its body
Like slender threads that float
in the atmosphere
on autumn evenings

BRISA

El sólo movimiento de una hoja en el limonero puso en actividad
        toda la casa
A ras de suelo un leve humo disipó sus sombras y dejó al descubierto
el dulce ladrillo de los antepasados
El antiguo fantasmero de caoba fue puras risas entrecortadas y pasos
blandos
        como guantes
Las vigas en el techo y el soporte de las arañas temblaron como una
trapecista
        en celo de tendones
Apagada estaba ya la vela en el altar contra el rincón y no se movía–
Al borde y al centro de una pantalla de adobe habían ahora puertas
        y ventanas en vaivenes de secos golpes y monótonos
Paso tuvo el sol que quedaba restando y sumando por los postigos
        y los portillos
En la fragilidad de sus lazos y la corredera del hilambre la hamaca dijo sí
        o dijo no
Corrió veloz la mariposa única hasta el escaño deshuesado y sólido
        que esperaba en el corredor
Y desde allí la ahumada cocina hizo leve muestreo de rescoldos y cenizas
Viejas ollas en depósito de sentencias y perfumes
Desierto de áridos granos y legumbres florecidas
Leña ya en el musgo y el renacimiento de las parásitas
Tardo hueco del fogón y su encanto
Platos y tazas desportillados por un constante repique de los usos
Pocillos en la pared como una interrogación colgando
Por el patio donde se desvanecía el acento trinitario y el punto aparte
        de las gallinas
caminó como un murmullo que no era sino roce y frotación de pieles
        desnudas por la hierba
El cielo se sostenía en un meridiano preciso que era una nube gris
        y muchas blancas más azul
Fue sólo un múltiple movimiento de pies como las hojas cortadas
        del plátano

BREEZE

The singular movement of the leaf on a lemon tree put the
               entire house in motion
At ground level a light smoke dissipated the house's shadows and left, out in the open,
the sweet brick of the ancestors
The old mahogany chifforobe was all stifled laughter and the soft footfall
        of gloves
The wooden beams of the ceiling and the spider's bracings trembled like a trapeze artist
          poised in heat
The candle on the altar in the corner was already extinguished and did not move—
At the edge and in the center of an adobe wall there were now doors
and windows swaying back and forth with dry and monotonous banging
The sun had its opening as it waited adding and subtracting upon the
              shutters
and the wicket doors
In the fragility of its bonds and the thin rope on which it hung the
           hammock said yes or no
The lone butterfly dashed quickly as high as the pitted and solid bench
        that sat waiting in the hallway
from whence the smoky kitchen made a subtle display of embers and ashes
Old pots the deposit of maxims and perfumes
Desert of dried grains and florid legumes
Firewood already moldy and the rebirth of parasites
Sluggish cavity of the fireplace and its allure
Plates and cups chipped by the incessant pealing of use
Bowls hung on the wall like a hanging question mark
Down the patio where the hens leave their marks the three lines and the
            period fade away
walking like a murmur that was nothing more than the brushing and
             rubbing of naked skins over the grass
The sky hung from a high noon that was a grey cloud and many white and blue
It was only a plural movement of feet like leaves cut from
       a plantain tree

From the Air to the Hand / Del aire a la mano

Un sólo movimiento en esa tarde
Pero al detenerse el limonero
Todo en aquel sitio continuó como antes

A singular movement that afternoon
but as soon as the lemon tree stood still
Everything in that place continued on as before

From the Air to the Hand / Del aire a la mano

LAS COMBINACIONES DEBIDAS (1989)

Armando Romero

THE RIGHT COMBINATIONS (1989)

PUESTO A RECORDAR

Puesto a recordar se extendió
un mar sobre su pluma
y condensó las palabras
como piedras en la playa.
Sentado allí empezó a golpearlas
unas contra otras
y en las esquirlas que saltaron
vio rostros y esas locas cabelleras.
No pudo, entonces, detener el
desencadenamiento de estallidos
y se lanzó al agua con los cielos
por infinito.
Los recuerdos
hicieron de la página
un remolino.

READY TO REMEMBER

Ready to remember, as a sea
stretched itself out over his pen
and he condensed the words
like stones on the beach.
Seated there he began to beat them
one against another
and among the shards that leapt up
he saw faces and those mad heads of hair.
He could not, then, slow
the unleashing of shatterings
and he threw himself into the water with the heavens
unto infinity.
The memories
made the page
into a whirlpool.

TESTIGO DEL TIEMPO

Son testigo del tiempo
las raíces que siembra la infancia
en el rostro de los que amamos.
Un pedazo de piñata atrapa al sol
con sus festones y el cielo presuroso
viene a darnos la respuesta:
No somos ya los otros que se fueron
plenos de horizontes por el follaje.
En aquel entonces, la infancia le daba
ventaja al tiempo y le ganaba.

TIME'S WITNESS

They are time's witness
the roots sown in childhood
in the faces of those we love.
A piece of *piñata* traps the sun
with its festoons and the hurried heaven
comes to give us the answer:
We are no longer those that went
full of horizons through the foliage.
Back then, childhood gave
time the advantage and still won.

LAS QUE NUNCA SE OLVIDAN

No hay que dejar pasar una a una
La fila de las que nunca se olvidan.
Yo parloteaba con los amigos
cuando se abrió una tormenta
de ésas que sólo en el trópico,
y entre los caballitos del agua
trotaron hasta mis manos
aquellos ángeles furtivos.
Podría haberles dado la bienvenida
con las manos como palmas abiertas,
pero me quedé allí,
mudo,
esperando, que de cualquier rostro
un grito se alzara.
Todo vino y se fue en silencio
como si después de la tormenta
la luz de esos recuerdos
ya no tuviera
su vestido de agua.

THE ONES THAT GOT AWAY

There is no need to go down the line one by one
of those women that one never forgets.
I was chatting with my friends
when a storm broke
one of those storms that only occur in the tropics,
and the raindrops splashing like seahorses
those fleeting angels
trotted up to my hands.
I could have welcomed them
with my hands like open palms,
but I stayed there,
mute,
waiting, for a cry to rise up
from any face.
It all came and went in silence
as if after the storm
the light of those memories
no longer wore
its dress of water.

MI CIUDAD

Tal vez si de polvo y arcilla
Se volviera a construir la calle,
Si de arena y piedra
Se reflejara del sol la luz que asciende,
Yo volvería a encontrar la palabra luna
De esta mi ciudad de viento.

No puedo olvidar que me detuve
En medio de las ruinas de lo que ya era
Una multitud de enigmas indescifrables
Y allí solté en canto
Lo que se iba en sueño
Salté las piedras
De lo que fue tiempo.

Tengo clara memoria
De estar allí
Con el amargo de los días idos
Entre los dedos:
Paso de a paso entre fragmentos.

MY CITY

Perhaps if they were to go back to making the streets
out of dust and clay
If the light of the ascendant sun were to reflect
off of sand and stone
I would find once again the word moon
of this my city of wind.

I cannot forget that I stopped
in the midst of the ruins of what was already
a multitude of indecipherable enigmas
and there I loosed in song
what was leaving in dream
I leapt over the stones
of what had been time.

My memories are very clear
of having been there
With the bitterness of days gone by
between my fingers:
Step by step among the fragments.

EL AQUÍ DETENIDO

De una llama a la otra el aquí detenido
Reconstruye en sus hábitos y costumbres
A los seres de la calle del frente:

Don Julito, siempre en vigilia remendando zapatos con un ojo,
       y por el otro ojo de la aguja pasan raudos los camellos;
El negro José, y su madre que le habla de las guaguas de Yurumanguí
       y le lee El tratado sobre la inmortalidad del alma de Quevedo;
Una pelirroja, un poco gorda, que andaba en dirección contraria a las
       manecillas del reloj;
En el café estaba siempre el "mono" Querubín poniendo la música del
       Trío Matamoros contra las paredes;
Allí paraban los autobuses haciendo inventario de ideas y de bellas obreras
       de vuelta para el almuerzo;
Don Ramón trabajaba verdes pieles para los billares de la cantina;
Por el nuevo vestido se aparecían rubicundas donde Lilia, la modista,
       aquellas que avanzaban discretamente hacia la sensualidad
       de sus sombras;
Los barrenderos otra historia iban innovando por el polvo y el perro que
       huye con los desperdicios;
Y misía Mercedes, la abuela de blancos bucles, venía de visita dando de
       larga a sus babuchas;

Lastimosamente, no todo el mundo se quedó allí lo mismo,
A la espera de que el aquí detenido,
Parado en el fuego de esa esquina,
Siguiera intentando recuperar la realidad.

TO HOLD BACK THE PRESENT

From one flame to another he who holds back the present
rebuilds the people from across the street
in their habits and customs:

Don Julito, always vigilant mending shoes with one eye on them,
      and through the other eye of the needle the camels passed hastily;
José the black man, and his mother who tells him about the large rodents of Yurumanguí
      and reads Quevedo's "Treatise on the Immortality of the Soul" to him;
A red-haired girl, a bit fat, who walked in the opposite direction of the
      hands of the clock;
Querubín the "Blondie" was always in the café playing the music of the
      Matamoros trio up the walls
The buses stopped there taking inventory of ideas and of beautiful women
workers on their way back from lunch;
Don Ramón worked up green skins for the billiard tables of the bar;
Rosy-cheeked girls appeared at the house of Lilia, the dressmaker, for the new dress
      those girls who discreetly walked into the sensuality of their
      shadows;
The street-sweepers went on innovating another story about the dust and
      the dog that leaves with the scraps
and Mrs. Mercedes, the white-curled grandmother, went visiting, shoeing
      her slippers on ahead

Regrettably, not everyone there stayed the same,
waiting for he who holds back the present,
stopped in the fire of that corner,
to keep on trying to recover reality.

CONSTRUCTOR

A Jaime García Maffla

Es necesario que diga cómo construí el mundo. Con la tijera mi madre había ido cortando esas trizas de verde que yo plantaba: árboles de una selva que la suerte podía desflorar de un manotazo. Hacer una cascada no era el problema sino el brillo que la consumía. Como ríos navegaba el papel de estaño de los cigarrillos y con el cartón de las cajas se levantaban cerros que el dedo hurgaba en busca de cavernas para las hormigas. Las casas tenían manos como banderas desde las ventanas. Había puesto musgo y epífitas como borrones de tinta entre los campos, y en el cielo ese sol que era el bombillo de la sala. Así construí el mundo que podía recorrer de un solo paso, acariciar con la mirada desde mi cuarto. Así pude vencer el estremecimiento y dar aviso de lobo a los pastores que lo poblaban con sus ovejas de palo.

Armando Romero

BUILDER

To Jaime García Maffla

I must tell how I built the world. With scissors my mother used to cut those green strips that I planted: trees of a jungle that fate could defile with a swipe of its hand. Making a waterfall was not the problem but rather the shine that consumed it. The tin paper of cigarette packs sailed like rivers and with the cardboard boxes, mountains were made to rise where a finger poked around in search of caves for the ants. The houses had hands like flags waving from the windows. I had placed moss and epiphytes like ink stains between the fields, and the sun in the heavens, the light bulb of the room. Thus I built the world that I could cross in just one step, to caress it with a glance from my room. Thus I was able to overcome the shivering and raise the warning of wolves to those shepherds that populated this world with their sheep made of sticks.

DE LOS TRENES

A Diana

I

De otra cosa no podíamos hablar sino del tren que por el cañón del Dagua nos llevaba hasta el mar. Era el tren más largo que sus pasajeros y siempre andaba como fracasando por las cuestas porque el humo era tan rápido que precedía a la locomotora. Sin embargo, al enfilar por el cañón de ese río profundo airaba sus ruedas con espantosos chirridos, y los pájaros que dormían sobre los durmientes espantaban la yerba con el tropel de sus alas para dar paso al meteoro. En la mañana dejábamos una y otra estación desierta por la lluvia y el calor, y nos enrumbábamos al hueco tentador del mar y su puerto. El fin del viaje era un paisaje de mujeres que desafiando el carbón encendido de la máquina, venían a imponernos silencio con el estrépito de los frutos de sus cabezas.

II

Ya fuera en los escaños de la cocina o en la soledad del portón hablábamos interminablemente del tren y sus pasajeros. Pero la verdad era que no había más que un solo tren y era ése el de los sueños, y nadie nos iba a despertar a la realidad de piedras encadenadas con bejucos. Si queríamos imponer el tren pitábamos con él y con toda el alma por la casa y pronto estábamos en marcha, y el tren viajaba sin tropiezos por la sala y salía del largo túnel del pasillo a la boscosa luz del patio. Viajábamos todo el día tirando carbón a la caldera o repartiendo barriles de leche fría desde el furgón del correo. Por la tarde regresábamos como de otro mundo, bañados por el sol del trópico y con los dedos ennegrecidos por la fricción de las piedras. Habíamos abandonado el tren con su destino al fondo del patio, donde empezaba el mar a cubrir de prisa y óxido sus olas.

ABOUT TRAINS

To Diana

I

We couldn't talk about anything but the train that took us through Dagua canyon to the sea. The train was longer than its passengers and always went uphill as if it were failing because the smoke was so fast that it preceded the engine car. However, as it headed for the canyon of that deep river its wheels became angry with frightening screeching, and the birds that were sleeping atop the sleeping cars frightened the grass with the mass of their wings to make way for the meteor. In the morning we left behind one station after another, abandoned on account of the rain and the heat, and we set off towards the tempting hollow of the sea and its port. The end of the journey was a landscape of women who, defying the incandescent coal of the motor, came up to impose the racket of the fruits on their heads onto our silence.

II

Whether it was on the stairs of the kitchen or in the solitude of the gate, we spoke endlessly about the train and its passengers. But the truth of the matter was that there wasn't more than one train and it was the train of dreams, and nobody was about to wake us to the reality of stones chained to each other with vines. If we ever wanted to make the train's presence known we blew our whistles along with it and with all of our hearts all over the house and soon we were on our way, and the train traveled without delay through the living room and left through the long tunnel of the hallway towards the forest-like light of the yard. We would travel all day loading coal into the boiler or unloading barrels of cold milk down off the mail car. In the afternoon we would come back as if returning from another world, drenched in the sun of the tropics and our fingers blackened from the friction of the stones. We had left the train behind at its destination at the back of the yard, where the sea began to cover it with haste and the rust of its waves.

From the Air to the Hand / Del aire a la mano

LA TIA CHINCA

A Antonio Zibara

Nunca hablé de mi tía Chinca por miedo a su silencio. Recuerdo esas largas oleadas de humo que venían desde la última pieza, la que daba al patio, y que eran producto de sus cigarros baratos. Ella los fumaba allí, en lo oscuro, como quien saluda al infinito. No sé cómo era su voz porque nunca me dijo una palabra de rabia ni de cariño. Tengo memoria sí de sus vestidos negros y de sus babuchas gastadas por un caminar de no sé dónde. Nadie me dijo qué hacía mi tía Chinca los domingos o si tuvo amores secretos, pasiones violentas, encuentros fortuitos. ¿Qué hacía mi tía Chinca sentada sola en el patio? Cuando pasaba a mediodía por la sala, donde toda la familia se reunía a oír las canciones de Pedro Infante, mi tía Chinca dejaba una estela de cenizas y escombros como si lentamente se estuviera deshaciendo. Pero nadie lo notaba, o ¿era yo sólo el que descifraba las manchas que dejaba en el espacio? Dicen que murió pequeñita, como una torcaza, y que con ella enterraron también su silencio.

AUNT CHINCA

To Antonio Zibara

Out of fear of her silence I never spoke of my Aunt Chinca. I remember those long billows of smoke that came out of the back room, the one that opened onto the patio, produced by her cheap cigars. She smoked them there, in the dark, like one waving at infinity. I don't know what her voice was like because she never said a word to me, in anger or with love. I do recall her black dresses and her slippers worn-out from walking I know not where. No one ever told me what my Aunt Chinca did on Sundays or if she ever had secret love affairs, violent passions, chance encounters. What was my Aunt Chinca doing sitting alone on the patio? When she walked through the living room at noon every day, where the whole family had come together to hear the songs of Pedro Infante, my Aunt Chinca left a wake of ashes and debris as if she were disintegrating. But nobody noticed, and I ask myself was I the only one to decipher the stains that she left in place? They say she was very small when she died, like a mourning dove, and that they buried, along with her body, her silence.

PAISAJE

De ese paisaje que era nuestro ya no queda nada. Con una almohadilla borraron los árboles mohosos de tiza y a la dicha del cemento tiraron la poca yerba que se había trepado por las aceras. En las estrechas calles donde rondaba la penuria un acento de olvido se posó como un gallinazo sobre la carne podrida, y con los recodos del hambre, en los cuales una prostituta o una puñalada esperaban con la hoja abierta, hicieron una especie de argamasa para los pilares de la ciudad. Lenta y discretamente le iban dando empujoncitos a la miseria hasta que la tiraron por detrás de la estación del ferrocarril.

LANDSCAPE

Nothing remains of that landscape that was ours. They cleared the musty trees of chalk with an eraser and they threw the bit of grass that had climbed up over the sidewalks against the joy of the cement. In the narrow streets where penury passed a pronounced forgetfulness settled down like a buzzard over rotten meat, and with the ruts of hunger, the ruts where a prostitute or the thrust of a knife awaited with a naked blade, they made a sort of mortar for the pillars of the city. Slowly and discretely they pushed the misery until they tossed it behind the railroad station.

DE LOS ASESINOS

A Heriberto Sánchez

I

Los asesinos olían a vaca y tierra aunque de común viajaban en jeeps o en automóviles negros a conciencia. En su niñez compartía con ellos un amor a los tangos que los hacía llorar de emoción cuando él se detenía al borde de sus cantinas a escuchar, perdido en la dulzura mortal de los bandoneones. Su hermano, aterrorizado, le rogaba que siguiera a casa, y ellos sonreían tiernos y cómplices con sus dientes a caballo: el brillo de sus ojos contrastaba eterno con el brillo de sus armas.

II

En la cantina de El Pijao nunca mataron a nadie, que yo sepa, aunque los asesinos bebían aguardiente y cantaban rancheras y tangos hasta la madrugada. Pero en la de Don Miguel, donde había un árbol hermoso y le regalaban una almendra de dulce cada vez que compraba algo para su madre, murió abaleado el pobre hombre que esa noche pedía agua, por favor, golpeando en todas las ventanas.

III

Del pasto de las fieras también comía su rabia cuando en el desfile de la soledad oía el murmullo de los asesinos. Si era en la noche arrastraban sus pies como si fueran chamizas puestas a barrer el patio; si era en la tarde sólo el sol violento desafiaba la ira de sus armas en la mesa de la cantina. Ganas daban de sacar la cauchera y ponerlos a raya, pero a doble llave su madre lo encerraba cuando, antecito de la cena, el toque de queda dictando la soledad se quedaba.

ON KILLERS

To Heriberto Sánchez

I

The killers smelled like cows and earth although they usually traveled in jeeps or in cars knowingly black. In their childhood he shared with them a love of tangos that made them weep with feeling when he approached the bars to listen, lost in the mortal sweetness of the accordions. His brother, terrified, begged him to keep on towards home, and the killers smiled with tenderness and complicity with their big horse teeth: the glint in their eyes made an eternal contrast with the glint of their weapons.

II

As far as I know they never killed anybody in the bar El Pijao, although the killers drank hard liquor and sang rancheras and tangos until dawn. But in Don Miguel's bar, where there was a beautiful tree and they gave the boy a piece of candy every time he went down to buy something for his mother, a poor man died riddled with bullets that night asking for water, please, tapping on all the windows.

III

His rage also fed on the wild animals' grass when, down the parade of solitude, he heard the murmuring of the killers. If it were nighttime they would drag their feet as if they were pieces of brushwood used to sweep the patio; if in the afternoon, only the violent sun defied the ire of their weapons on the table in the bar. It made you want to take out your slingshot and set them straight, but his mother's double-bolt on the door closed everything up, right before dinner, recalling the call to curfew that established the solitude.

IV

De los sobrevivientes hablaba con H. aquella tarde en Cincinnati y recordamos al obrero blando de algodón en la fábrica de telas, al limpiador de zapatos en la Plaza de Caycedo, a la prostituta sin dientes que se llamaba Divina y tenía una pollera amarilla, y a otros que fueron doctores y abogados con sus tenazas. Nos quedamos en silencio cuando vino de improviso el aullido de los asesinos.

V

Cuando oyó su grito el padre suspendió la lectura: los asesinos se habían apoderado de sus sueños. Con cuidado y dulzura lo llevaron hasta la cama y la madre dijo: No hay que leerle más a este muchacho, se le suben los nervios.

IV

I was speaking with H. about the survivors that afternoon in Cincinnati and we remembered the laborer made soft from cotton in the textile mill, and the shoe-shine in Caycedo Square, and the toothless prostitute named Divina with the yellow skirt, and others who were doctors and lawyers with their pliers. We sat in silence when the unexpected howl of the killers came in.

V

The father interrupted his reading when he heard the cry; the killers had taken over his dreams. They carried him to his bed with care and kindness and the mother said: This boy shouldn't be read to anymore, it's bad for his nerves.

MI INFANCIA

Yo también al desaparecer mi infancia estuve presente. Con un grueso hato de oraciones y un látigo sibiloso se cortó esa calle por donde arrastraba las piedras o buscaba escarabajos. No dijo de azules begonias ni de las otras matas en el patio, se fue como trepando por esa escalera que llevaba al abovedado. Se arrepintió de una mirada furtiva a los senos de la niña vecina y aplastó el cigarrillo contra uno de los postes del alumbrado. Mi infancia ya no estaba allí cuando vino el radiopatrulla a buscarla.

MY CHILDHOOD

I also was present when my childhood disappeared. With a thick bundle of prayers and a whistling whip it cut down that street where I had dragged stones and hunted for beetles. It said nothing of the blue begonias nor the other plants in the yard, it went climbing up the ladder that led to the vaulted ceiling. It felt bad for stealing a glance at the breasts of the neighbor girl and put its cigarette out on one of the fenceposts. My childhood was no longer anywhere to be found when the patrol car came looking for it.

NOSOTROS DOS

No siempre se puede ser cara o sello al mismo tiempo y al después decir que la fortuna se mide por abismos. Hay un lugar por el cual si entramos o salimos vamos al mismo sitio. Dicen que lo pueblan seres tan distantes los unos de los otros que ya no tienen fondo: lisos ellos se miran sin mirarse, sin advertir que también son substancia de esa otra mirada, la que de ti a mí danza solitaria su existencia. Tú, que traspasaste los últimos lindes; yo, que perseguía tu cuerpo para atraparlo en mi morada. No siempre se puede decir que somos lo que somos, nosotros dos que construimos el cielo a martillazo limpio.

THE TWO OF US

One cannot always be heads and tails at the same time and only afterwards say that fortune is measured by abysses. There is a place through which whether we enter or exit we go to the same spot. It's said that this place is populated by beings so distant from each other that they have become depthless; flattened, they look at each other without looking, without realizing that they too are made up of that other gaze, the gaze that dances its solitary existence in the distance between us. You, who stepped over the last boundaries; I, who pursued your body to entrap it in my dwelling. It cannot always be said that we are what we are, the two of us who build heaven with blows of a hammer.

A RIENDA SUELTA
(1991)

Armando Romero

FREE REIN (1991)

EN EL VIAJE, LAS PALABRAS: EL POEMA

¿De qué huimos cuando han tocado la campana para que el día termine?
Si el viaje fuera uno y otro paso, qué no decir de todos yendo.
Pero el viaje es como el sueño,
todo se va, y va poblando de unos hilos ligeros que caen del cielo
y levantan humo de la yerba verde.
El viaje tiene que decir de minerales y noches como ésta.
O aquélla, la que endurecida y pintada como un huevo
me dijo de la fugacidad del amor en un cerro de Valparaíso.

Uno tiene siempre dos sueños al alcance de la mano:
en uno vamos en pos de algo, en otro somos perseguidos.
El sueño es movimiento que interroga el espacio, hostigándolo para ser otro.
Y ese espacio de cambio constante acoge el rutinar sin sentido de nuestros pies.
Así el viaje dice que todo lugar es el lugar,
que dondequiera que estemos no estamos.
El viaje nos lleva a nacer en otra frontera,
y en otra.

Yo caminé a desgarrones este ir y venir de las palabras que es el camino,
le di duro a la sandalia o a los viejos zapatos por el polvo,
en esos pueblos, en esas ciudades, en aquellas montañas,
al lado y adentro de ese mar, este río,
y entre ellas levanté una sola palabra como quien se levanta temprano
y busca la botella de vino, el cigarrillo, un pedazo de pan.

Hace muchos años,
sentado al pie del carbonero que florecía al frente de mi casa,
vi pasar un hombre arrastrando su huida como una carga de trastos viejos.
Adónde o de dónde eran las preguntas sin respuesta,
y allí estaba él, huyendo para siempre.
Mas no era yo quien se quedaba.

ON THE JOURNEY, THE WORDS: THE POEM

What did we flee from when they tolled the bell to bring about the day's ending?
If the journey were one step and then another, what can be said of all steps going.
But the journey is like dreaming,
everything departs, and begins to fill up with soft threads that fall from heaven
and raise smoke from the green grass.
The journey has to speak of minerals and nights like tonight.
Or that other one, the night hardened and painted like an egg
spoke to me of the fleeting nature of love on a hilltop in Valparaiso.

There are always two dreams within arms' reach:
in one we go after something, in another something comes after us.
Dreaming is movement that interrogates space, pestering it to become
something else.
And that space of constant change takes in the senseless routinizing of
our feet.
So the journey says that every place is the place,
that wherever we may be, we aren't.
The journey takes us to be born on another borderline,
and then another.

I walked this coming and going of words that make up the way in agony,
I beat up my sandals and my old shoes with dust,
in those towns, in those cities, in those mountains,
beside and within that sea, this river,
and from them all I raised just one word like one who gets up early
and looks around for the wine bottle, the cigarette, a piece of bread.

Many years ago,
seated at the foot of the mimosa tree that blossomed in front of my house,
I saw a man pass by dragging his flight behind him like a load of old
rubbish.
Wherefrom and whereto were the unanswered questions,
and there he was, forever fleeing.
But it wasn't me who stayed behind.

From the Air to the Hand / Del aire a la mano

Son ahora, en el camino, estos destellos de palabras
que juega al dado de las combinaciones la memoria,
fragmentos de un palpitar por los relámpagos,
los que vienen a ella entrelazados para construir el viaje,
no hacerlo de nuevo sino de primera vez,
como la huida detrás de la almohada
o el aguijonazo de un tiempo que en el ver nos despierta.

Armando Romero

Now it is them on the road, these hints of words
that throw the dice of memory's combinations,
fragments of a pulse of lightning,
lightning bolts that come twining towards memory to build the journey,
not to take it up again but for the first time,
like the flight behind the pillow
or the sting of a time that wakes us to seeing.

VALPARAISO

Tal vez tendría una falsa memoria de Valparaíso si no me hubieran sucedido cinco cosas: Primero, en la cima de uno de los cerros dos hombres cargan un piano, y su silueta recortada contra el cielo es la misma música; segundo, en el malecón un pescador se ha quedado dormido con varios peces atravesados en el pecho; tercero, en la plaza Echaurren una prostituta con un hueco en la frente me dice de abandonarlo todo e ir con ella hasta las alturas; cuarto, te busqué por entre los colores de las puertas y el ruido de los funiculares y no estabas; quinto, se fue la noche y vino una mañana de todos los cielos.

VALPARAISO

I might consider my memories about Valparaiso imagined if five things hadn't happened to me: First, on the top of one of those hills two men carrying a piano, and their silhouette cut out against the sky is the same music; second, a fisherman has fallen asleep on the pier with several fish piercing his breast; third, in Echaurren Square a prostitute with a hole in her forehead tells me to leave everything behind and go with her to the high places; fourth, I looked for you among the colors of the doors and the noise of the cable cars and you weren't there; fifth, the night passed and a morning arrived, an all-glorious morning.

STRIP TEASE

A veces pienso que la vida lo va desnudando a uno. Yo, por lo menos, me he quedado sin ese zapato que caminó por la avenida séptima de Bogotá una noche salida del interior de un tiempo adelgazado por las esperas; la chaqueta de cuero, de origen dudoso, se despedazó contra el respaldar del bar donde el bohemio infiel empalidecía de aguardiente todas las noches; una camisa que no había pintado Rolf, el alemán, acabó como trapo sucio en un apartamento de Valle Abajo; mis pantalones de vaquero murieron congelados en los páramos de Mérida todavía con la bragueta en perfectas condiciones; un roto de bala en el pecho tenía la camiseta a rayas cuando la perdí de vista en Puerto La Cruz; los pantaloncillos terminaron haciendo cama para Agapi, la gata blanca de Sebucán. Es extraña esta vida que nos desnuda y nos viste de otro, tiempo tras tiempo.

STRIP TEASE

At times I think that life goes about taking our clothes off. At least I find myself without that shoe that walked down Seventh Avenue in Bogotá one night that came out of the inside of a time worn thin by waiting; the leather jacket, of dubious origin, came apart against the chairback of the bar where the infidel bohemian waned pale from cheap liquor every night; a shirt that Rolf, the German, hadn't painted, ended up a dirty rag in an apartment in Valle Abajo; my jeans that died frozen in the treeless highlands above Mérida, its fly still in perfect shape; my striped t-shirt sported a bullet hole in the chest when I lost sight of it in Puerto La Cruz; my briefs ended up serving as a bed for Agapi, Sebucán's white cat. It is strange, this life that strips us bare only to dress us up as someone else, time after time.

QUITO

A Rafael Larrea, in memoriam

Recuerdo que un bárbaro en Asia dijo que ésta era una ciudad con nombre de cuchillo. Algo hiriente y hermoso. Sin embargo, para mí se trata simplemente de una ciudad donde todos enredan las palabras. Las retuercen de tal manera, las envuelven, las estiran, hasta que hacen una masa como de harina blanca. Entonces la empastelan contra las puertas de madera formando extrañas volutas, semicircunferencias, espirales, estrellas, soles en círculos concéntricos, líneas rectas como paralelas de líneas curvas, acentos, serpientes, granos de maíz, ángeles. Luego pasan unos hombres acaballados en unos sombreros altos y negros que pintan de oro estos moldes. De otra manera no puedo imaginármela, ni más allá ni menos acá de estas formas aventadas.

Armando Romero

QUITO

To Rafael Larrea, *in memoriam*

I remember that a barbarian in Asia said that this was a city with the name of a knife. Something wounding and beautiful. However, for me it simply has to do with a city where everyone mixes their words up. They twist them in such a way, they wrap them, stretch them, until they make them into a dough as if they were made of white flour. Then they plaster them against the wooden doors forming strange scrollings, semi-circles, spirals, stars, suns in concentric circles, straight lines like the parallels of curved lines, accents, serpents, corn kernels, angels. Later some men on horseback wearing tall black hats pass by and they paint the moldings gold. I cannot imagine the city any other way, not beyond and not nearer than these shapes, thrown to the wind.

AZUCAR EN LOS LABIOS

Desde la mujer del tendero hasta Conchita la pelirroja, y desde Jesús el zapatero hasta Roberto que dirigía la escuela, todos, sin excepción, amanecieron con un terrón de azúcar en la punta de los labios. Sin embargo, los únicos en enterarse de lo sucedido fueron los que se besaron por la mañana

SUGARED LIPS

From the shopkeeper's wife to Conchita the redhead, and from Jesus the shoemaker to Robert the school's principal, all of them, every last one of them, woke up with a sugar cube on the edge of their lips. However, the only ones to realize this had happened were those who kissed each other that morning.

ESPINA

Hay una espina que se ha colocado justo en el sitio donde tengo que sentarme para ir al trabajo. Allí está todos los días y por más que lo trato no tengo cómo quitármela. He abandonado, desde luego, el trabajo. Era más importante reflexionar en la espina. Camino diariamente por las calles y no hago sino reír cuando veo a otros quienes como yo, ya son muchos, también encontraron una espina donde tenían que sentarse para ir al trabajo.

THORN

There is a thorn that has shown up right where I have to sit down to go to work. There it is every day and no matter how hard I try I can't seem to remove it. So obviously, I have given up on working. It was more important to meditate on the thorn. I walk through the streets every day and can't help but laugh when I see others like myself, and lately there are many of them, who also found a thorn in the place they had to sit down to go to work.

POETA DE RIO

A Francisco Madariaga

Me lo presentó el Dr. Edgar Bayley Pi en circunstancias que debo precisar. Estaba de pie, elegante y solitario, en el centro de un gran salón de exposiciones de artistas jóvenes. El célebre doctor hizo las consabidas presentaciones señalando presto mi procedencia y origen. Hecho esto se retiró. Quedamos frente a frente, sin palabra; yo, invadido por la consternación. Fue un silencio de oro, como en un cuadro de Hopper. De pronto él dijo: "¿Podría decirme, es usted un poeta de mar o de río?". Toda mi vida pasó por mis ojos como un torrente hasta resumirse en ese pequeño hilo de agua que llamábamos Aguacatal iluminando al fondo de la infancia. Y así se lo dije, con palabras todavía vacilantes por el salto al vacío. "Qué bien afirmó nos vamos a entender". Poco después regresó el Dr. Bayley Pi y fuimos los tres a tomar una copa de vino.

RIVER POET

To Francisco Madariaga

Dr. Edgar Bayley Pi introduced us in circumstances that I should explain. He stood elegant and alone in the middle of a large exhibition hall with the works of young artists. The famous doctor made the typical introductions, quickly indicating my biography and origins. Having done this, he left. We were left facing each other, speechless; I was overcome with dismay. It was an intense silence, like in a painting by Hopper. All of a sudden, he said "Would you mind telling me, are you a poet of the sea, or of the river?" My entire life passed before my eyes in a flood until it was summed up in that small thread of water that we called Aguacatal lighting up the depths of my childhood. And I told him as much, with words still shaky from the leap into the void. "You answered very well, we are going to understand each other". Not long after Dr. Bayley Pi returned and the three of us went to drink a glass of wine.

EL DEL RELÁMPAGO

A Gonzalo Rojas

Como fueron de rápidas esas manos para tocar la luz, así los ojos para dejar constancia de lo visto. Ya no sé si fue en Nueva York, en Caracas o en Chicago donde lo vi con esa linterna hacia adentro, brava contra la página en blanco, quemándola a fuerza de grafismos. Rabioso de alegría le daba rienda suelta a unos potros al galope por entre las charcas del sueño y la realidad. Qué de imaginarias corriendo y desnudándose, qué de voces sometiéndonos a la algarabía de un diálogo inaudito.

Armando Romero

THE LIGHTNING-FLASH POET

To Gonzalo Rojas

Just as fast as those hands were to capture the light, so were his eyes quick to record what they'd seen. I don't remember anymore if it was in New York, or in Caracas or in Chicago, where I saw him with that lantern turned within, fiercely set to the white page, burning through it with the power of his scribblings. Rabid with happiness he gave certain colts free rein to gallop through the pools of dreams and of reality. Such imagined women running and stripping themselves naked, such voices submitting us to the din of an unheard-of dialogue.

LA HISTORIA SIN HISTORIA

¿Quién va a contar lo que no es la historia sin quedarse engarzado en los abalorios de un poema? Hay allá lejos lo inenarrable como un punto en el espacio; más cerca está lo inmóvil como una flor de tres ideas: Yo de eso le hablaba a mi amigo recién venido aquella tarde en un bar de la avenida Sabana Grande cuando se allegó ella para despedirse. Le pedí que se sentara un momento con nosotros e hice las debidas presentaciones. La historia sin historia adentro la dejó aquí y para siempre.

THE STORY WITHOUT A STORY

Who will tell what is not the story without getting strung up in the beads of a poem? Far off lies the unspeakable like a point in space; nearer at hand is the immoveable like a flower of three ideas: I was talking about this to a friend who had recently arrived that afternoon in a bar of Sabana Grande Avenue when she came up from behind to say goodbye. I asked her to sit a moment with us and made the formal introductions. The story without a story inside it she left right here and for good.

EL POETA DE LA CIUDAD

A Juan Sánchez Peláez

Convertida al sueño la historia no daba para mucho. Transformada hacia la realidad perdía sentido. ¿Dónde ubicarla? Decía que era muy pequeño cuando su madre le regaló su primera metáfora. Ésta era larga como un tranvía y no significaba ni sonaba. A un centro de oro conduciría, tal vez. Nunca pudo comprobarlo. La alimentó a escombros y aguaceros y al cabo de los años la olvidó en una calle de París o de Caracas, ya no recuerda. Sin embargo, algunos que saben la historia la han visto regresar a su casa al pie del Monte Ávila, por las nochecitas, agazapada. Tiene ahora luciérnagas en el pelo, el vestido negro de siempre, la voz de bajo fondo.

Armando Romero

THE CITY POET

To Juan Sánchez Peláez

When the story became a dream it didn't have much to offer. Transformed in reality's direction it made less sense. Where to place it? He said that he was very small when his mother gave him his first metaphor. It was long like a streetcar and didn't signify anything or rattle. It would lead to a golden center, perhaps. He never could verify it. He fed the metaphor with rubble and downpours and after a few years forgot it in a street in Paris or Caracas, he doesn't remember which anymore. However, some people who know the story have seen the metaphor return to his home near the foot of Mount Ávila, of an evening, crouching. It now has fireflies in its hair, wears the same black dress it always did, a voice from the deep bottom.

AKROTIRI

De pura ceniza hasta los tobillos vi la antigua ciudad en ruinas, Akrotíri, allí encaramada a lo alto del risco de esta media luna como isla. No toqué a ninguna puerta porque mis dedos se disolvían en el polvo; no vino tampoco ningún auriga a transportarme hasta el mercado de peces. Un vino seco al fondo de las botijas en fila irisaba viajes y fiestas. Apaleado por el calor me senté en una piedra. Desde allí vi el pequeño agujero de una ventana sobre un cuarto. Las paredes deberían estar cubiertas de esos frescos inimitables. Un sabor de agua clara correría por los labios. En esa habitación ella y él debieron hacer el amor, este día. Algo como lo eterno tiene también el color de la ceniza.

AKROTIRI

Pure ash up to my ankles I saw the old city in ruins, Akrotiri, perched there at the top of a cliff of this crescent-moon island. I didn't knock on any doors because my fingers disintegrated in the dust; nor was I picked up by a charioteer to be taken to the fish market. A desiccated wine at the bottom of the amphoras standing in a line made the voyages and the festivals iridescent. Beaten by the heat, I sat down on a stone. From there I saw a small window opening onto a room. The walls were likely covered by those inimitable frescos. A taste of clear water would have run down your lips. She and he must have made love in that room, that day. Something like eternity is also the color of ash.

ENCUENTRO CON MAQROLL EN RODAS

A Álvaro Mutis, a quien este poema pertenece.

    Nunca estuvo aquí. Así dicen casi todas las crónicas. Empecinado pregunté por él a los Caballeros de la Orden de San Juan en la Posada de España, primera en la Odós Ippóton. Buena razón me dieron aunque todavía se preguntaban en sus diversas lenguas los porqué de su nombre. Fui pues hasta el Hospital y abrí una puerta que daba al largo corredor de enfermos del segundo piso. Allí, los cuartos giraban alrededor del patio a la manera de un caravansary. No lo reconocí entre los soldados y caballeros que se retorcían o languidecían preñados por las heridas de la guerra o las pestes. Al fondo, en un bello patio protegido por almendros, y reservado, según me habían dicho, para los peregrinos alucinados por el sol, lo vi sentado en un escaño de madera. Reía salvaje y atronadoramente mirando con furia en dirección a los infieles. Pronto sintió mi presencia y volteó para mirarme. En sus ojos había un mar extraño y distante. Se incorporó y dijo: "No era aquí", y desapareció, devorado por los elementos.

Armando Romero

MEETING WITH MAQROLL IN RHODES

To Álvaro Mutis, to whom this poem belongs.

He was never here. Almost all the chronicles confirm this. I stubbornly inquired about him to the Knights of the Order of Saint John at the Spanish Inn, the first in Odos Ippoton. They gave me satisfactory answers even though they still asked each other in their many languages the *whys* of his name. So, I went to the Hospital and opened a door that led to the long hallway of sick people on the second floor. There, the rooms turned around a courtyard like a caravansary. I didn't see him among the soldiers and knights who twisted or languished teeming with the wounds of war or pestilences. At the back in a beautiful courtyard watched over by almond trees, set apart, as I had been told, for the sun-stricken pilgrims, I saw him sitting on a wooden bench. He laughed savagely and thunderously as he looked furiously in the direction of the infidels. He soon sensed my presence and turned to look at me. His eyes held a strange and distant sea. He stood up and said: "It wasn't here", and disappeared, devoured by the elements.

CUATRO LÍNEAS (2001)

Armando Romero

FOUR LINES (2001)

TODAS LAS CIUDADES QUE HEMOS VISTO SOBREVIVEN EN TI
Vienen con sus torres y silencios
Con el ruido de los trenes y los carros
Presentes al celebrar nuestro abrazo
*

UN SOLO ICONO TU ROSTRO EN LA FIESTA
Levantas los brazos y a orar te vuelas
Quiero ese viaje que a nosotros viene
Cuando la rueda de la música comienza
*

ME FUI DEJANDO VERTE DESNUDA
Entre sábanas y almohadas
De geometría hablaban los antiguos
Yo de espacio y silencio
*

ORÉGANO, SALVIA, YERBABUENA, LAUREL
Te vienes con ese ruido en los labios
Y aquí te espero entre palabras
Orégano, salvia, hierbabuena, laurel
*

TODO EN LO QUE SOMOS AMOR SE PUEDE VER
Así al amanecer esa isla en su montaña
Penetra la rosada inmensidad
Del cielo
*

VOLVÍAN LOS VIEJOS CON EL CUENTO
De una pareja que el amor
Encimó sobre las islas
Uno a una coronados
*

MI AMOR QUE SOY EN TI
Mi noche que es contigo
Mi luz que es tuya
Mi mujer que eres tú
*

ALL THE CITIES THAT WE HAVE SEEN LIVE ON IN YOU
They come with their towers and silences
With the noise of the trains and the cars
Present as we celebrate our embrace
*

A SINGULAR ICON YOUR FACE IN THE PARTY
You lift your arms and fly off to pray
I want that journey that is on its way to us
When the wheel of music begins
*

I SLOWLY LET MYSELF SEE YOU NAKED
Between sheets and pillows
The ancients spoke of geometry
I speak of space and silence
*

OREGANO, SAGE, SPEARMINT, LAUREL
You come with that noise on your lips
And here I wait for you among words
Oregano, sage, spearmint, laurel
*

ALL THAT WE ARE TO LOVE IS VISIBLE
So when that island's dawn rises on its mountain
It penetrates the pink immensity
Of the sky
*

THE OLD FOLKS CAME BACK WITH THE STORY
of a couple that love
lifted up over the islands
crowned one after the other
*

MY LOVE THAT I AM IN YOU
My night that is with you
My light that is yours
My woman that you are
*

LABIO A LABIO
Pecho a pecho
Vientre a vientre
Llama llama
*

LEJOS FUE QUE SE URDIERON NUESTROS DESTINOS
Alguien dio este paso para dar otro paso
Otro alguien levantó un espejo
Invitamos lo imposible a nuestro encuentro
*

ES EL BRILLO DE ESCAMAS NOCTURNAS
Lo que al mar detiene
Frente a los ángeles
De tu rostro
*

HE VUELTO A VER EL AMOR
En el charco azul que devoró a los dioses
Piedra y luz al mismo tiempo
Vuelta y revueltas en el camino
*

SALTA EL RÍO
De tus pupilas
Cuando el relámpago
Irrumpe en tu vientre
*

DIJE QUE TE IBA A TRAER ALGO
Y regreso con estas palabras
Tú y yo Dos en el amor
Cuatro líneas en mi mano
*

LIP TO LIP
Breast to breast
Belly to belly
Flame flame
*

IT WAS FAR AWAY THAT OUR DESTINIES WERE DEVISED
Someone took this step in order to take the next step
Another someone lifted a mirror
We invited the impossible to our meeting
*

IT IS THE GLIMMER OF NOCTURNAL SCALES
That the sea holds back
before the angels
of your face
*

I HAVE SEEN LOVE AGAIN
In the blue pool that swallowed up the gods
Stone and light at the same time
Turning and returning on the path
*

THE RIVER LEAPS
From out of your pupils
When the lightning bolt
Bursts into your belly
*

I SAID I WAS GOING TO BRING YOU SOMETHING
And I come back with these words
You and I Two within love
Four lines in my hand

HAGION OROS (2002)

Armando Romero

HAGION OROS (2002)

NADA DE MUJER, HEMBRA O ANIMAL FEMENINO

De aquí en adelante ya no habrá más mujeres.
Se levanta el puente sobre la cubierta y ellas allá,
      a la distancia, saludando.
No habrá de ellas más presencia, tal vez una llamada
      por teléfono, una postal para enviar desde Daphni.
No estarán sus vestidos como banderas columpiándose en las
      alambradas.
Ni el roce de un perfume contra la tarde.
Nadie llevará *rouge* en los labios, el pelo suelto
      contra la espalda.
El monte Athos enhiesto será todo Zeus mas no Venus.
Las caderas serán estrechas y el grito de un niño la ilusión
      de un pájaro o un cerdo pequeño.
Habrá peces sí pero no el espejo de sus pieles.
Por los corredores de los monasterios no repicará el
      taconeo de sus zapatos.
Ausencia habrá de cierto orden, la inefable disciplina que
      conllevan.
No habrá el silencio que viene con su silencio, ni alegría,
      ni rabia, ni tormento.
Narra la historia que un icono de la Virgen, furioso,
      le incriminó a la emperatriz Pulcheria cuando
visitaba el monasterio de Vatopedi:
"*No sigas adelante, en este lugar hay otra Reina y no eres tú.*"
Nada de mujer, hembra o animal femenino caminará entonces por
veredas, montes o el cuartel de los monjes alucinados.
[Cierto es que en Pantocrátoras vi gallinas precedidas de
      polluelos y en Docheiariou maullaban gatas por los gatos]
"*Sólo con la divinidad es la cópula permitida*", decía el monje
      Palamás con su acento de Oxford.
"*Sólo en la noche la oración bendice las almas*", decía el eremita
      de Santa Ana.
"El sucio", un aprendiz de monje que a todo huele a la distancia,
      ríe en su griego de entre dientes y al monje mayor sirve: "*No*

NO WOMAN, FEMALE, OR FEMALE ANIMAL

From now on there shall be no more women.
The gangplank will be lifted up on deck and they will be over there,
    far off, waving.
There shall no longer be a presence of women, perhaps a phone call,
    a post-card to send from Daphni.
There shall be no more of their dresses swaying like flags
    from the wire fences.
Nor the brush of a perfume against the evening.
Nobody will wear rouge on their lips, their hair hanging down
    their back.
The rigid Mount Athos will be all Zeus, no Venus.
Hips will be narrow and a child's cry shall be the illusion
    of a bird or a small pig.
Yes, there will be fish but not the mirror of their skins.
The tapping of their shoes will no longer echo down the hallways
    of monasteries.
There will be a lack of some order, the ineffable discipline
    that they bring.
The silence that comes with their silence will be gone, as will the
    happiness, the rage, the anguish.
History tells of an icon of the Virgen, a furious image,
    she reprimanded the Empress Pulcheria when
she was visiting the monastery of Vatopedi:
"Do not proceed, there is another Queen in this place and it is not you."
No woman, female or female animal will walk anymore over paths,
mountains or the quarters of the dazed monks.
[It is true that at Pantokratoras I saw hens leading their chicks and at
    Docheiariou the female cats caterwauled after the male cats]
"Copulation is only permitted with the Divinity", said the monk Palamas
    with his Oxford accent.
"Prayer only blesses souls at night", said the hermit
of Santa Ana.
"The Dirty One", a novice monk who everyone smells from a distance,
    laughs in his close-mouthed Greek and serves the head monk: he says

hubo ni habrá mujeres en este santuario", dice.
¿Y cómo sería si ellas vinieran y lo limpiaran todo?, nos preguntamos.
No ver mujeres por días y ya ahí mismo nos hacen falta.
No aquí, decidimos.
Dejemos esto para saber que existen,
y que por ellas existimos.
Lo mismo estos monjes que las ven a la distancia.

"There haven't been nor will there ever be women in this sanctuary".
"And what would happen if the women were to come and clean everything up?" we wonder.
Only a few days without seeing a woman and already we note their absence.
Not here, we decide.
Let us leave this place to know that they exist,
and that we exist for them.
Just like these monks, who see these women, from a distance.

HAZ DE ASCETAS

Qué tanta cruz y tanto signo
en la iconostasis de la iglesia de la Transfiguración
  en Pantocrátoras.
Todo aquel que hizo piltrafas del cuerpo para engordar
  el alma,
camina por estos cielos frescos pintados por Panselinos:
San Antonio de Memfis, padre de los padres del desierto,
  sirvió a Dios hundiéndose en la oscura vida de las
  cavernas;
San Pacomio, modelador de eremitas a imagen y semejanza
  de los monjes que son ahora y para siempre;
San Macario el Grande, estigmatizado, 60 años en el desierto,
  padre de la danza macabra;
San Pablo de Tebas, cien años interno en una cueva hasta que
  San Antonio lo enterró en el desierto ayudado por dos
  leones;
San Moisés el Negro, rufián convertido a Dios y monje del
  desierto;
San Onofrio, cuyas barbas tocaron el suelo de esta tierra y
  lo enredaron para siempre en la profundidad de su
  caverna;
San Simeón el Estilita, encaramado para siempre en una pilastra
  de cinco metros, en el pie izquierdo un año, en el derecho
  el otro. Una soga hundida en la carne podrida de su cuerpo,
  y de ella se desprendían los gusanos: "Comed lo que Dios
  os ha dado", les decía con su bendición;
San Daniel, a su lado, como sombra del que no tiene sombra.
La larga fila de eremitas y anacoretas
-San Nilo, San Efraín, San Moisés, San Pedro el Athonita,
  San Pablo de Xeropotamou-
se pierde en la oscuridad y en los años borrosos de la
  iconostasis,
pero allí está con humildad y soberbia
todo aquel que hizo infierno de la vida a tormento,
para ganar un cielo dulce como higos maduros,
una eternidad de boca abierta frente a Dios.

HEAP OF HERMITS

What a multitude of crosses and signs
on the iconostasis of the Church of the Transfiguration
      in Pantocratoras.
Everyone who wrecked his body to fatten up
      his soul,
walks through these heavenly frescos painted by Panselinos:
Saint Anthony of Memphis, father of the desert fathers,
      served God burying himself in the dark life of the
      caves;
Saint Pachomius, model of hermits in the image and likeness of those
      monks that are today and ever shall be;
Saint Macarius the Great, a stigmatic, 60 years in the desert,
      father of the *danse macabre*;
Saint Paul of Thebes, took up residence in a cave for one hundred years
      until Saint Anthony, with the help of two lions, buried him in the
      desert;
Saint Moses the Black, a ruffian turned to God and to being monk in the
desert;
Saint Onuphrius, whose beard reached the ground of this earth and
      bound him forever in the depths
      of the cave;
Saint Symeon the Stylite, perched forever on a pilaster of five meters,
      on his left foot one year, on his right foot the next. A rope sunk
      into the rotten flesh of his body, from which the worms were
      continually falling: "Eat of that which God has given you" he
      would tell them, with his blessing;
Saint Daniel at his side, like the shadow of the man with no shadow.
The long row of hermits and anchorites
-Saint Nilus, Saint Ephraim, Saint Moses, Saint Peter the Athonite,
      Saint Paul of Xeropotamou-
becomes lost in the darkness and in the blurred years of the
      iconostasis
but there, with humility and pride
are to be found all those who with anguish made a hell of this life,
in order to gain a sweet heaven of ripened figs,
an open-mouthed eternity stood before God.

LA CENA

Al campanazo de la cena corren los monjes,
levantados los hábitos como el apetito.
Corremos nosotros azuzados por el hambre
y un monje parlanchín.
El refectorio de bancos y mesas de madera
labrada por los años
resuena al tiro de los platos de peltre.
Rápido entra el abad precedido de su corte.
Bendice la sopa mientras el monje al turno
de leer las escrituras vuela al púlpito.
Lee el monje a borbotones griegos sus salmos
al compás de los gestos del abad comiendo,
devorando.
Y como un coro de violines que resuenan como sordas
campanas,
los brazos, las manos y las cucharas de los monjes
lo acompañan.
De pronto todo es quietud y silencio.
El abad ha decidido terminar de comer.
"Todo el mundo debe salir, dice un viejo monje
con la vista puesta en nuestros platos llenos,
la cena ha terminado".
En la noche del monasterio el hambre acompaña
el peregrinar del espíritu.

THE DINNER

The monks come running when the big dinner bell tolls,
their habits held up as high as their appetites.
We run, prodded on by our hunger
and a chatterbox monk.
The refectory of wooden benches and tables
worn down by the years
echoes the tossing of pewter plates.
The Abbot, preceded by his court, enters quickly.
He blesses the soup while the monk on duty
to read the scriptures flies up to the pulpit.
The monk reads his psalms in bursts of Greek
to the rhythm of the movements of the Abbot as he eats,
gobbling.
And like a chorus of violins that resound like muted
bells,
the arms, the hands and the spoons of the monks
accompany him.
All of a sudden everything is stillness and silence.
The Abbot has decided to finish eating.
"*Everyone should leave*, says an old monk
his gaze falling on our plates full of food,
dinner is over".
At night in the monastery hunger keeps the pilgriming soul company.

EL SUCIO

Voy a decir que "el sucio" no era un acólito
hecho de polvo y en polvo convertido,
sino adobado por la mugre y los excrementos.
En su rostro se veían negras vetas de sudor
petrificado en la frente y las mejillas,
y sus manos eran largas garras oscuras.
El pelo de erizo estaba macerado por resinas
y grasas pestilentes,
el hábito de negro rechinante endurecido en
capas espesas e inmundas.
Manchosos de amarillo verdoso los dientes cariados,
roñosa la barba.
Mugroso era "el sucio"
que espantaba moscas y cristianos
al sólo levantar el brazo.
Su aliento, su olor todo,
era un escudo contra los intrusos
cuando no era fatalmente homicida.
Atendía "el sucio" la máxima de San Jerónimo:
"No necesita lavarse de nuevo,
aquel que una vez fue lavado en Cristo".

THE DIRTY ONE

I'll start by saying that "the Dirty One" was not an acolyte
made of dust and to dust returned,
but rather pickled in his own filth and excrement.
Black seams of sweat were to be seen on his face
petrified on his forehead and cheeks
and his hands were long dark claws.
His porcupine hair was soaked through with resins
and fetid grease,
his black and itchy habit hardened by thick disgusting layers.
The cavity-ridden teeth stained a greenish yellow,
his beard filthy.
"The Dirty One" was filthy
he frightened away flies and Christians
just by lifting his arm.
His breath, his entire smell,
made a shield against intruders
if not outright homicide.
"The Dirty One" heeded Saint Jerome's maxim:
"One need not wash himself again,
who once was washed clean in Christ".

LOS MONASTERIOS

Trepados en la montaña,
desafiando el abismo,
los monasterios imponen su soberbia
arquitectura contra el cielo.
Llaman a Dios a gritos entre las rocas.

THE MONASTERIES

Clambered up on the mountain,
defying the chasm,
the monasteries rear up their magnificent architecture
against the heavens.
They shout out to God among the rocks.

ESTETICA DEL MONASTERIO

Agotado de luz de vela entre los iconos
dejo mi cuerpo en una banca de madera
del pórtico del templo.
Un monje de inmensas barbas blancas,
con furia de antiguas religiones en los ojos,
me indica con gesto violento
que observe mis piernas:
una sobre otra es lo que encuentro.
Lo miro entre las luces
y las descruzo lentamente.
Abierta la mirada vuelve a su libro sagrado,
entre las manos que son huesos.
Al rato me mira de nuevo
por el otro lado de la nariz,
bizantino.
Me incorporo para ver los iconos ascetas
y me sigue con sus ojos hundidos entre pieles.
Sé que él está allá a lo alto,
sé que él está acá a lo bajo.
Yo lo sé pero él no lo sabe,
no puede saberlo.
De saberlo no estaría.
Pero sabe que yo lo sé,
de otra forma no me miraría.

AESTHETIC OF THE MONASTERY

Worn out by the candlelight among the icons
I leave my body on a wooden bench
at the temple's portico.
A monk with an enormous white beard,
the fury of ancient religions in his eyes,
gestures at me violently,
admonishing me to mind my legs:
one crossed over the other is what I find.
I look at him through the lights
and slowly unfold my legs.
His open gaze returns to the sacred text,
between his hands of bone.
After a while he looks at me again
down the other side of his nose,
byzantine.
I stand up to look at the icons of ascetics
and he follows me with his eyes sunk into the skin.
I know that he is up there at the top,
I know that he is down here at the bottom.
I know it but he does not,
cannot know it.
Had he known he wouldn't be here.
But he knows that I know,
otherwise he wouldn't be watching me.

SAN ATANASIO EL ATHONITA

Nacido en Trebisonda en 920;
Maestro en Constantinopla;
Amigo de emperadores;
Iniciador de la vida monástica comunal;
Con dinero del emperador Nicéphoros Phocás
Fundador del Gran Lavra en 963;
Perseguido perseguidor;
Vilipendiado,
Calificado extranjero, intruso,
por los monjes eremitas;
Establecido en autoridad para poner orden
       y disciplina en la vida monacal
Por el emperador Juan Tzimisces, el asesino
       y usurpador al trono de Nicéphoros Phocás;
Conversador con Dios en su caverna en los riscos
       del Monte Athos;
Constructor de iglesias y monasterios;
Plantador de árboles y arbustos;
Santo entre los santos de la iglesia de Bizancio;
Su fiesta se celebra el 5 de julio;
Lo mató una teja desprendida del cielo de la cúpula
       del Gran Lavra,
En 1003.

SAINT ATHANASIUS THE ATHONITE

Born in Trebizond in 920;
Master in Constantinople;
Friend of Emperors;
Creator of the communal monastic life;
With money from the Emperor Nicephoros Phocas
founder of the Great Lavra in 963;
Harried pursuer;
Vilified,
labeled an outsider, an intruder,
by the eremite monks;
Granted authority to put order
       and discipline in monastic life
by the Emperor John Tzimiskes, assassin
       and usurper to the throne of Nicephoros Phocas;
God's interlocutor in his cave in the crags
       of Mount Athos;
Builder of churches and monasteries;
Planter of trees and bushes;
Saint among the saints of the church of Byzantium;
His feast day is celebrated every 5th of July;
He was killed by a tile that fell out of the sky
detached from the dome
       of the Great Lavra
in 1003.

ADIOS DE DIOSES

Vagan las historias de los dioses por los libros como
        por nuestra imaginación.
Perenne movilidad en el eterno y clausurado Caos de su
        origen.
Si el Monte Athos fue el primer trono de Zeus antes de
        ir al Olimpo,
también es Athos quien lleva desde Tracia la gran montaña
        para coronar en las alturas el tridente de su padre,
        Poseidón, hecho verdad en las tres lanzas de tierra de
        la península Calcídica.
Es Homero, aquel que dijo a no ver más que por nosotros desde
        el allá al ahora, quien de entrada esto nos afirma.
Claudio, emperador, lo contradice, cuando señala que Athos,
        monstruoso hijo de la tierra, lanzó contra los dioses
        del Olimpo toda la furia de sus nieves, correspondiendo
        a un mortal, Hércules, el derrotarlo por designio del
        Oráculo.
Cierto lo uno o lo otro los dioses colmaron con sus líquidos
        seminales este vaso de tiempo hasta derramarlo.
Por senderos y caminos, valles y montañas, al mar y entre los
        riscos, una estela de azares y encuentros, caprichos y
destinos marcó las lindes de su permanencia.
Erguidas estatuas aunadas a una geografía hierática eran faros
        para iluminar la rada que desde la otra orilla viene a la
        vida mientras regresa.
Pero un día aciago deben haber sentido los dioses un puntazo en
        el pecho, un llamado al origen.
Era el pie de una Mujer Virgen en las playas de Dion la aguja
        que se enterró en su tiempo para detenerlo;
y como el Todo, en movimiento de siglos, se detuvo en ese
        instante,
la danza de los dioses los congeló en el último gesto al momento
        de empezar a resquebrajarse en pedazos por los suelos.

THE GOODBYE OF THE GODS

The stories of the gods wander through the books as they do
    through our imaginations.
Ceaseless mobility in the eternal and cloistered Chaos of their
    origin.
If Mount Athos was Zeus's first throne before
    going to Olympus,
it is Athos as well who brings the great mountain from Thrace
    to place the trident of his father Poseidon
    where it crowns the heights, made manifest in the three spears of
    land that form the Peninsula of Chalkidiki.
It is Homer, he who said not to look beyond ourselves further than from
    the here to the now, who first tells us this from the start.
Claudius, the Emperor, disagrees when he points out that Athos,
    monstrous son of the Earth, threw all of the fury
    of Olympus's snow at the gods,
    leaving it to a mortal, Hercules, to vanquish him as
    the Oracle foretold.
Whether one story or the other be true the gods filled this cup of time
    with their seminal liquids until it overflowed.
Through footpaths and byways, valleys and mountains, to the sea
    and up among the crags, a trail of fates and meetings, whims and
destinies marked off the boundaries of their permanence.
Raised statues joined to an inscrutable geography served as lighthouses
    to illuminate the bay that, from the other shore, comes
    to life while returning.
But one fateful day the gods must have felt a pang in their breasts,
    a call to their origins.
The foot of a Virgin Woman on the beaches of Dion was the needle that
    buried itself in their time in order to stop it;
and like the All, over the course of centuries, it stopped in that
    moment,
the dance of the gods froze them in the final gesture in the same moment
    that they began to shatter on the floor.

From the Air to the Hand / Del aire a la mano

Pasto ahora de la historia, de los desenterradores, de los reconstructores, los dioses en fragmentos observan silenciosos el todo poder del Único, el nombrable con el sólo signo que no es dos.

¡Qué tristeza de dioses hay donde vive Dios!

Armando Romero

Now the grazing grounds of history, of the excavators, of the
    rebuilders, the gods from their fragments
        silently observe the omnipotence of the One and Only,
    who can be named with the one sign that is not two.

What godly sadness there is where the one God lives!

DIFERENCIAS

Debe haber otra felicidad
en el gesto que acompaña
al monje tañendo la viga
de la oración.
Debe haber otra tristeza también
para el taciturno que recoge
los platos en el refectorio.
Una felicidad como agujas de lluvia.
Una tristeza como trapos al sol.

DIFFERENCES

There must be some other happiness
in the expression that accompanies
the monk striking the plank
for prayer.
There must also be some other sadness
for the sullen monk that clears off
the table in the refectory.
A happiness like needles of rain.
A sadness like rags in the sun.

HAGION OROS

Montaña que abre un surco en el cielo
Montaña que ara vientos y asperja neblina

El Monte Santo baja por rocas y ermitas
El Monte Santo desciende por piedras y colinas

Hasta los ojos que le entierra por superficie el mar
Hasta las manos que señalan luz por encantamiento

Montaña   monasterio
Palabras
                       espejo de la imagen

Icono   signo
Palabras
                       tiempo y lugar otro

Monte   monje
Campanarios   cúpulas   torres
Techos ventanas   balcones
Capillas   oraciones   hábitos
Incienso
                      abandono

Calles que sueltan silencio como savia de los árboles
Huellas que rastrean del pasado futuros inciertos

Montaña que empuja la tierra a la cumbre
Montaña caprichosa en la uña del índice

El Monte Santo sube por las nubes
El Monte Santo asciende por la bruma

No hagas de lo alto una pregunta
Tampoco de lo bajo una respuesta

HAGION OROS

Mountain that opens a furrow in the sky
Mountain that plows the winds and sprinkles mist

The Holy Mountain descends over rocks and shrines
The Holy Mountain descends over stones and hills

Up to the eyes that bury it below the surface of the sea
Up to the hands that point at light by enchantment

Mountain   monastery
Words
                    mirror of the image

Icon   sign
Words
                    time and elsewhere

Mountain   monk
Bell towers   domes   towers
Ceilings windows   balconies
Chapels   prayers habits
Incense
                     abandonment

Streets that drop silence like sap from the trees
Footprints that drag uncertain futures out of the past

Mountain that pushes the earth to the summit
Whimsical mountain on the fingernail of the index finger

The Holy mountain rises through the clouds
The Holy Mountain ascends through the haze

Don't turn the highlands into a question
Nor the lowlands into an answer

# AMANECE AQUELLA OSCURIDAD (2012)

Armando Romero

THAT DAWNING DARKNESS (2012)

AEDO, HOY

¿Quién tan pequeño
entra en una hormiga?
El que a tu lado
se sienta
y escribe el poema.
No tiene ojos,
sólo antenas,
y muchos pies
para vacilar
por los abismos.
Carga los muebles
de la casa
como si fuesen
palabras,
y hace de la miel
una trampa.
El que escribe
el poema
es una hormiga,
negra.

AOIDOS, TODAY

Who is so small
as to enter into an ant?
He who sits
beside you
and writes the poem.
He doesn't have eyes,
just antennas,
and many feet
to waver
over the abysses.
He carries the pieces of furniture
from home
as if they were
words,
and turns the honey
into a trap.
He who writes
the poem
is an ant,
a black ant.

From the Air to the Hand / Del aire a la mano

LA RISA DE DIOS

A Carlos Gutiérrez

Dice Quevedo que de tiempo en tiempo
Dios viene a reírse con nosotros.
Planta su boca abierta contra los malvados,
y deja alegría en las penas de los inocentes.

No habla el poeta de truenos y tempestades
cuando es hora de su presencia,
o si al oírla recogeremos el eco
que despierta el cencerro de los dientes.

Ya sea en arameo, griego, latino o hebreo,
su cadencia debería respirar como los cometas,
alambicarse de vapores en las estrellas
y untar de todo gozo el universo.

Dado es que esperemos en silencio
que un día llegue hasta nosotros,
y rogar que sus lapsos no sean eternos
como los hilos invisibles de nuestra paciencia.

Armando Romero

THE LAUGHTER OF GOD

To Carlos Gutiérrez

Quevedo says that from time to time
God comes to laugh with us.
He sets his open mouth against the evil-doers,
and drops joy over the shame of the innocent.

The poet speaks not of thunderclaps and storms
when it is his time to appear,
and if we hear his coming we gather up the echo
that quickens the cowbell of teeth.

Whether it be in Aramaic, Greek, Latin or Hebrew,
its cadence should breathe like the comets,
and muddle itself with vapors among the stars
and anoint the universe with all manner of joy.

It is given that we are to wait in silence
that he come to us one day,
and to plead that its lapses not be as eternal
as the invisible threads of our patience.

DERROTA

Valga decir en voz baja,
así no lo oigan los traviesos,
que no existe color en la derrota,
esa canción sin vocales
que se nos enreda en la garganta.
No faltará quien diga que la derrota
es dulce como amarga es la victoria;
pero no, sólo escribir nombrándola
es signo de fracaso,
el arrastre y la explosión de sus sonidos
nos liquida, pulsa la tierra con nuestros pasos.
Mirarla debemos con el largavista invertido
ya que si atrás la divisamos
de verdad viene por delante.
No existe color en la derrota.

Nadie la busca,
casi muchos la encuentran.
Una vez fue "rumbo, camino terrestre,
camino abierto rompiendo los obstáculos",
dice el diccionario.
Hoy por hoy si transitamos por esa senda
de improviso se divide en minotauros.
El peso de su presencia
nos impide levantar los brazos.

No existe color en la derrota
que tiene por virtud limar
los ejercicios de nuestra vanidad,
dejarnos limpios y desnudos
frente a nuestro rostro.
.¿Cómo cantarle a ese pájaro
que anhela nuestros ojos?

DEFEAT

It should be said under one's breath,
so that the wicked don't hear,
that there is no color in defeat,
that vowel-less song
that wraps around our throat.
No doubt there are those who might say that defeat
is sweet as victory is bitter;
but no, even to name it in writing
is a sign of failure,
the dragging and explosion of its sounds
eliminates us, the earth pulses with our footsteps.
We ought to look at failure with inverted binoculars
given that if we see it from behind
then in truth it's coming from up ahead.
There is no color in defeat.

No one looks for it,
almost many find it.
Once it was "direction, earthly path,
open ground breaking down obstacles",
as it says in the dictionary.
These days if we pass through that way
unexpectedly it splits up into minotaurs.
The weight of its presence
keeps us from raising our arms.

There is no color in defeat
which regards as a virtue the wearing down
of our exercises of vanity,
leaving us clean and naked
before our own face.
How is one to sing to that bird
that longs for our eyes?
There's nothing to do

From the Air to the Hand / Del aire a la mano

No hay nada qué hacer,
siempre estamos jugando ajedrez
contra el reloj,
y no es necesario que llegue el día del cuchillo
para sentir su presencia.
No existe,
no existe color en la derrota.

we're always playing chess
against the clock,
and one need not await the arrival of the day of the knife
to feel its presence.
There is none,
no color in defeat.

LOS CUERVOS

De una estética a la otra
han pasado hoy los cuervos
por mi jardín.
Envueltos de negro
picotean semillas
entre la hierba.
Quisiera desarmarlos
como hizo Poe un día.
Pero al alzar la mano
con mi pluma lista
a volar se lanzan
por entre los árboles.
Esta imagen fugaz
es lo que resta.

THE RAVENS

From one aesthetic to another
the ravens have passed over
my garden.
Wrapped in black
they pick at the seeds
in the grass.
I wish I could dismantle them
like Poe did in his day.
But upon lifting my hand
with the plume ready
to fly they dart
up into the trees.
This fleeting image
is all that remains.

TODO LO QUE NO VEO

Desde niño pienso en esto:
Hay un rostro que no se puede ver
en la calle,
que no se encuentra en la plaza
o en la cantina.
Está más allá de lo dicho,
al otro lado de la acera
para evadir el confuso montón.
¿Qué es lo que busca
que de tal manera se ilumine
para esconderse?
Perdido en la avenida,
sin presencia para significar.
¿Será ese el rostro
que lleva mi nombre?
Me pregunto hoy
con la vista fija
en el lugar de su vacío.

Armando Romero

ALL THAT I DO NOT SEE

I've thought about this since I was a child:
there is a face that cannot be seen
in the street,
that isn't found in the city square
or in the bar.
It is beyond what is said,
on the other side of the street,
in order to avoid the perplexed throng.
What is it looking for
that lights itself in such a way
as to hide itself?
Lost on the avenue,
without a presence to make itself known.
Is that perhaps the face
that carries with it my name?
I ponder this today
my gaze fixed
on the location of its absence.

ESE RUIDO

Vuelve el ruido del tren.
En astillas,
bielas que tiemblan
en atropellado ritmo.

El vacío de las estaciones.

Vuelve el ruido de la flor,
abre y cierra.
Una ristra de colores
por los árboles,
desaparece.

Los ojos en la ventana.

Vuelven tus pasos,
sometidos al ruido
de la hierba.

Vuelve ese ruido,
entre los ruidos.

El mismo.

THAT NOISE

The noise of the train returns.
Splintering,
connecting rods that tremble
in hurried rhythm.

The emptiness of the stations.

The noise of the flower returns,
opens and closes.
A string of colors
among the trees,
disappears.

The eyes in the window.

Your footsteps return,
subject to the noise
of the grass.

That noise returns,
noise among noises.

The very same one.

CÍRCULO DE LOS CUERPOS

Dije hay que vivir hasta que de la pasión
        salte el silencio
Respondió que el alborozo de los cuerpos limpia
        con luz las mañanas
Dije hay que soñar que vamos en el mismo espacio
        que empujamos con los dedos
Respondió que la realidad de los cuerpos
        está más cerca que el sueño
Dije hay que volar con los piernas
        entre las manos
Respondió que no hay límite en la conjugación
        líquida de los cuerpos
Dije que allí mismo la amaba
        hasta el hartazgo
Respondió con una sonrisa anudada
        a nuestros cuerpos

CIRCLE OF BODIES

I said one has to live up to the point that passion
        springs over silence
She responded that the bodies' elation cleanses
        the mornings with light
I said one has to dream that we are moving through the same space
        that we push with our fingers
She responded that the reality of the body
        is closer than dreaming
I said you have to fly with your legs
        between your hands
She responded that there is no limit
        in the liquid conjugation of bodies
Then and there I said that I loved her
        'til I could burst
she responded by knotting a smile
        about our bodies.

DICTAMEN

Definir un país
es como tratar
de definir una fruta:
Debemos empezar
por los dientes.

PRONOUNCEMENT

Defining a country
is like trying
to define a fruit:
We should start in
with our teeth.

AL PARECER DE LA HUIDA

Huye de la ciudad que no se queda en las uñas;
de la ciudad que duerme sin ruido y esconde un cuchillo
        debajo de la almohada;
corazón en blanco y negro como bandera al agite de
        los carros;
escapa de la belleza de sus días,
del terciopelo en las tardes;
dile al guardia que no han florecido los geranios
        ni los tulipanes;
lanza tu risa de aguja fina por los callejones,
y huye, huye para huir
de la bocina sin aliento que aceita la máquina;
del polvo rucio que se pega a los zapatos;
del viento que pasea los semáforos;
tírate avenida abajo y arriba al pie de las locomotoras,
        de las hélices, de la bencina.

Huye de la ciudad que hace llorar ojos
        sin reír el alma.
Huye y huye hasta que huir sea sentido de recuerdo,
y allá, al borde de los desaguaderos,
espera que vuelva hacia ti,
para seguir huyendo.

THE ESCAPE'S VERSION

Flee from the city that doesn't get under your fingernails;
from the city that sleeps noiselessly and hides a knife
        under the pillow;
black and white heart like a flag rustled
        by cars;
escape from the beauty of its days,
from the velvet in the evenings;
tell the guard that neither the geraniums nor the tulips
        have bloomed;
throw your pin-point laugh down the alleyways
and flee, flee to get away
from the breathless horn that oils the machine;
from the dun dust that sticks to your shoes;
from the wind that blows through the stoplights;
throw yourself down the avenue and land at the feet of the train engines,
        of the propellers, of the benzene.

Flee from the city that makes eyes cry
        without making the soul laugh.
Flee and keep fleeing until fleeing becomes memory
and there, at the edge of the storm drains,
wait for it to return to you,
to keep on fleeing.

POEMA DE OTOÑO

No dos pasos
da el otoño
cuando ya las mariposas
vuelan
a otro dónde
que desconocemos.

Sin gracia
Las hojas las imitan
Dándole más ruido
al viento.

AUTUMN POEM

Autumn hasn't taken
two steps yet
when the butterflies
already fly off to another place
unbeknownst to us.

Gracelessly
the leaves imitate the butterflies
Making the wind
even louder.

From the Air to the Hand / Del aire a la mano

EL AZUL

Cómo puede no verse
que el azul le falte el respeto
a todos los colores.
El azul se le tira a los abismos
sin importarle ser el cielo.
El azul se hace de rabia horizonte
contra los mares y sus islas.
El azul es color que dice de pasión
y lucha como los rinocerontes.
El azul pica como una flecha
de serpiente envenenada.
Yo vi el azul en una esquina,
lo vi bajarse de tus ojos,
poniéndole temor al encanto.
Por eso lo digo.

BLUE

How can it be overlooked
that blue does not respect
the other colors.
Blue throws itself into the abysses
heedless of being the sky.
In a fit of rage blue becomes the horizon
against the seas and its islands.
Blue is a color that speaks of passion
and fights like the rhinoceros.
Blue stings like the arrow
of a poisoned serpent.
I saw blue on a corner,
I saw it come down from your eyes,
infusing the enchantment with fear.
That's why I say this.

ENTRE NOS

Es necesario estar en las brumas
para negar que la memoria
tiene una lámpara
que no se sufre a sí misma,
ni se encuentra de cielo
en el infierno,
sino frente a nuestros ojos.
Un candil que ilumina
desde atrás
lo que viene hacia adentro.
Digo esto porque no hay barco
que al desplazarse,
no tenga presente las islas
de tu cuerpo entre las piedras;
no hay cuarto de hotel
frente a la playa,
que no haya trazado en el tiempo
las líneas de tu sonrisa;
no hay dos peces
que por azar
en el mar se crucen,
que no sean testigos
del entonces y siempre
de ser nosotros
dos.

BETWEEN YOU AND ME

One must be out in the fog
in order to deny that memory
has a lamp
that does not sustain itself,
and there is naught of heaven
found in hell,
but right before our eyes.
A candle that lights
from behind
that which is coming towards the inside.
I say this because there is no ship that
when sailing,
does so without remembering the islands
of your body among the rocks;
there is no hotel room
on the beachfront,
that has not traced out the lines of your smile
onto time;
there are not two fish
that by chance
cross paths in the sea,
that are not also witnesses
of the then and forever
of being we
two.

LOS POBRES

Ya los pobres no calman a gritos
el espanto que los cobija,
no vuelven a deshacer lo sagrado
en sus oraciones nocturnas.
Solo caminan por el borde
de la acera
pensando en el precipicio.
Les queda rabia a poquitos
para encender la candela,
blasfemar de lo lindo
y de lo feo,
de lo espeso y lo tierno.
Ya de los pobres se acabó
la paciencia,
el hueco donde yacía la espera.

THE POOR

The poor no longer shout the fear that covers them
into calm,
they don't go back to undoing the sacred
in their nightly prayers.
They just walk along the edge
of the sidewalk
thinking about the precipice.
They have just enough anger left
to light the candle,
to curse by the beautiful
and by the ugly,
by the dense and the tender.
The patience of the poor has already run out,
the hollow where the waiting used to lay.

REVOLTEANDO

Con ganas de voltearlo todo,
cuando éramos muchachos,
nos dio por hacer de la página
en blanco sobre la mesa,
el blanco de todos los días.
Con una flecha de azogue,
no teníamos otra,
le clavamos un rinoceronte,
de corteza metálica.
Con varias líneas de fuego,
plantamos cartas de amor,
como entre las sábanas.
Con negro de humo,
hicimos humo de las escrituras,
para pisarle al templo los humos.
Con una tortuga encendida,
hurgamos la antigua sabiduría,
y nos quedamos quietos,
frente al surco de los trigramas.
Eso era cuando de muchachos
se trataba.
Hoy sacudimos esa página
como si fuera un mantel
blanco y sucio,
y con descuido la tiramos
de nuevo sobre la mesa,
pero al revés.

DOUBLE TAKE

Wanting to knock over everything,
when we were young,
we took to making the blank page
on the table top
our blank and everyday target.
With an arrow of quicksilver,
having no other,
we stuck a rhinoceros to the target
a rhinoceros with armor.
With several burning lines,
we planted love letters
as if between the sheets.
With smoke black,
we burnt the scriptures up in smoke,
to stamp down the smokes of the temple.
With a burning turtle,
we rooted around in the ancient wisdom,
and we held our silence,
before the furrow of the trigrams.
That was what it was all about
when we were young.
Today we shake the page
as if it were a white and dirty
tablecloth,
and we carelessly spread it out on the table again,
but upside down.

From the Air to the Hand / Del aire a la mano

LA CAJA DE HUEQUITOS

A Doris

A jugar con los espacios
nos enseñó mi madre.
Ella los guardaba
en una caja de huequitos,
donde también estaban
los sueños.
Mi espacio se construía
de insectos invisibles,
y ese miedo, siempre.
El de mi hermana era
de blusas blancas.
El de mi hermano
de libros y palabras.
Por años los espacios
nos habitaron,
y si los abandonábamos,
luego aparecían
como juguetes por la casa.
Nunca se supo de los sueños
hasta que ella vino a despedirse,
y nos dijo que estaban hechos
de eso que florece,
allá adentro,
todos los días.

Armando Romero

THE BOX WITH THE TINY COMPARTMENTS
To Doris

My mother taught us
to play with spaces.
She kept them
in the box with the tiny compartments,
where dreams were
also kept.
My space was made out of
invisible insects,
and that ever-present fear.
My sister's was made
of white blouses.
My brother's
out of books and words.
For years the spaces
dwelled in us,
and if we ever abandoned them,
later on they appeared
like toys about the house.
We never knew what happened to those dreams
until she came to say goodbye,
and told us that dreams were made
of flowering things,
there inside,
every single day.

From the Air to the Hand / Del aire a la mano

TENTATIVA DE CANTO EN EL CAMINO

> *"¡Oh, qué cansado estoy*
> *de mi cobarde, vieja, tan*
> *salvaje tierra!"*
>
> *Salvador*
> *Espriu*

A Eugenio Montejo

Nadie cantó mejor que nadie
a eso que fue de tierra
hasta llamarse patria,
ni hizo del salvaje grito
aridez de piedra,
desolada tristeza.
Nadie amó mejor que nadie
su punto y raya sobre el espacio,
la cuenta de círculos
que hacia sí convergen.
Nadie comprendió mejor que nadie
que era ilusión el sol
de buena vida en otra parte,
pájaros de salud y euforia,
ojos de bestia feliz.
Nadie me acompañó mejor que nadie
a contemplar el árbol
que florece por los hielos,
a ir por el camino
que lento nos digiere,
a palpar lo que existe
a tres pasos de su nada.
Nadie me enseñó mejor que nadie
que hay un solo aquí
que se disuelve,
aljibe que torna invisible

Armando Romero

ATTEMPT AT A SONG ON THE WAY

> "Oh, how tired I am
> of my cowardly, old, and oh so savage land!"
> Salvador Espriu

To Eugenio Montejo

Nobody sang better than anyone else
to what was just earth
until it came to be called fatherland,
nor did anyone make out of the savage crying
aridity of stone,
desolate sadness.
Nobody loved better than anyone else
their dot and dash over space
the sum of circles
that converge in on each other.
Nobody understood better than anyone else
that the sun was an illusion
of the good life elsewhere,
healthy and euphoric birds,
eyes of a happy beast.
Nobody accompanied me better than anyone else
to behold the tree
that flowers in the ice,
to go down the path
that digests us slowly,
to touch what exists,
at three steps from its nothingness.
Nobody taught me better than anyone else
that there is just one here
that dissipates,
cistern that makes our face invisible

nuestro rostro en lo profundo.
Nadie me explicó mejor que nadie
que si del sentir se habla
se llama patria,
terruño salvaje,
grieta árida, cobarde y vieja.
Nadie cantó mejor que nadie
la felicidad que rechaza
lo que en el camino se resuelve.
Nadie lo dijo mejor que nadie
pero fue en aquel entonces,
de horas limpias y transparentes,
ya no.

in its depths.
Nobody explained to me better than anyone else
that if one talks about feeling
it is called fatherland,
savage homeland,
arid crevice, cowardly and old.
Nobody sung better than anyone else
the happiness that rejects
what is resolved on the way.
Nobody said it better than anyone else
but it was back then,
in the clean clear hours,
not anymore.

LA PALABRA MISERICORDIA

A Oscar

Ya quedó atrás en el tiempo
la palabra misericordia.
Se le fue enredando
como una telaraña,
y al final era difícil distinguirla,
allá al fondo,
casi perdida.
En nuestro mundo
muchas palabras se pierden,
pero no desaparecen por completo,
sólo dejan una vaga memoria.
Recuerdo esta palabra
cuando era pequeño.
Mi madre la usaba por las noches,
al caer el silencio,
y yo sabía que los ojos
de mi padre la escuchaban,
abiertos.

Armando Romero

THE WORD MERCY

To Oscar

The word mercy was left
behind in time.
It got tangled up
like a spiderweb,
until finally it was hard to make it out,
there at the back,
almost lost.
In our world
many words get lost,
but they don't disappear completely,
they just leave a vague memory.
I remember this word
from when I was little.
My mother used it at night,
when silence fell,
and I knew that my father's eyes
listened to her,
wide open.

From the Air to the Hand / Del aire a la mano

VERSOS LIBRES POR VENECIA (2010)

Armando Romero

FREE VERSES IN VENICE (2010)

From the Air to the Hand / Del aire a la mano

EN VENECIA

A Claudio Cinti

Colecciono ruidos
desde mi cuarto
en el apartamento
de Claudio Cinti.
Detrás de la ventana,
en la calle adyacente,
todo viene en concierto
como una sinfonía,
una obra de teatro,
sin fin ni principio,
argumento o actos.
Alguien canta, otro silba,
un diálogo pasa, se detiene.
Repiques de botellas,
golpes de metal
en puertas que se abren.
Palabras que no entiendo,
dialecto veneciano.
Una voz de mujer alarga
las vocales, cadenciosa.
Otra es cortante,
cantarina.
Grave el acento
de un hombre que ríe.
Las ruedas de las maletas
se detienen.
Pero siempre pasan.
Tal vez eso por fin
es la vida,
lo que va por detrás
de la ventana
cerrada.

IN VENICE

To Claudio Cinti

I collect noises
from my room
in Claudio Cinti's
apartment.
Out the window,
in the adjacent street,
everything comes in concert
like a symphony,
a theatrical production,
without beginning or end,
plot or acts.
Someone sings, another whistles,
a dialogue passes by, it tarries.
The chiming of bottles,
striking metal
on the opening doors.
Words I don't understand,
Venetian dialect.
A woman's voice stretches out
the vowels, rhythmically.
Another speaks sharply,
melodiously.
A man laughs
the tone of his voice deep.
The wheels of suitcases
stop.
But they always pass by.
Perhaps this after all
is life,
that which passes by on the other side
of the closed
window.

A CORTO VUELO

No será mala idea
nombrar las palomas de Venecia
esta tarde.
Por aquí pasó una
que dijo de la Plaza de San Marcos
en su pico antiguo,
sucio y dorado,
en sus ojos de perdido callejón,
en sus alas de puente encorvado,
en sus patas
puestas a rodar el mundo.
De pura maldad quisiera espantarla
con las piedras de estas palabras,
pero allí se queda quieta
metida en las plumas
de su indiferencia
como eternidad.

SHORT FLIGHT

It wouldn't be a bad idea
to mention the pigeons of Venice
this afternoon.
One passed through here
that spoke of the Piazza San Marco
in his ancient,
filthy and gilded beak,
in its eyes of a lost alleyway,
in its stooping-bridge-like wings,
in its legs
set to spin the world around.
Out of sheer malevolence I would like to frighten it away
with the stones of these words,
but there it remains quite still
nestled in the feathers
of its indifference
like eternity.

TANTA POCA TIERRA

Cuántas palabras,
verso recién cortado
o antiguamente pulido,
y no hay poema
que no surja del poema
que a diario se construye
en los meandros de Venecia.
Tanto hombre pasa de la mano
del niño que será,
del anciano que fue.
Tanta mujer
adherida a la escarcha
del tiempo,
vacila entre la soledad
y el gozo,
y en la vigilia de sus amantes
llena de preguntas el espacio.
Tanta puerta, portón,
puente o plaza
a lo secreto abiertos.
Tanta huella de marino
a comerciante,
de prófugo a barquero,
de poeta y aventurero.
Tanta historia.
Tantos espejos en la laguna.
Tanta poca tierra
que a lo escrito o dicho
no obedece.

Armando Romero

SO MUCH SO LITTLE LAND

So many words
fresh-cut verses
or polished ancient verses,
and there is not a poem
that doesn't emerge from the poem
that builds itself daily
in the meanderings of Venice.
So many men pass holding the hand
of the child they will be,
of the old man they were.
So many women
clinging to the frost
of time,
turning between solitude
and joy,
and in the watchfulness of its lovers
they fill the space with questions.
So many doors, gates,
bridges or squares
wide open to the secret.
So many footprints left from sailors
to tradesmen
from fugitive to boatman,
from poet and adventurer.
So much history.
So many mirrors in the lagoon.
So little land
that spurns
what is written or said.

OFICIOS NOCTURNOS

Debo confesar
que sé lo que hacen mis amigos
de Venecia por las noches.
Con sigilo y cautela sacan los caballos
de la catedral de San Marcos
y en ellos vuelan por los puentes,
los hacen corcovear por la Strada Nova,
se pasean con ellos por el Gran Canal,
y terminan sudorosos,
espuma en sus belfos,
al lado del árbol
que plantó Marina
en Campo Margarita.
Allí los encuentran
en la mañana los guardias
quienes con sigilo y cautela
los retornan a la vieja quietud
que desde Constantinopla
acostumbran.

NIGHTLY OCCUPATIONS

I should confess
that I know what my friends in Venice
do at night.
Stealthily and cautiously they lead out the horses
from the Cathedral of San Marcos
and fly on them down the bridges
they make them buck down Strada Nova,
they promenade them down the Grand Canal,
and they end up sweaty,
foam on their lips,
beside the tree
that Marina planted
in Campo Margherita.
The guards
find them there in the morning
and stealthily and cautiously
they return them to the old stillness
to which they are accustomed since leaving
Constantinople.

AL ENCUENTRO

Desde el piélago borrascoso de Ikaria
viene Konstantina a Venecia
a indagar por el mito de sus antepasados.
¿Quien en el aquí de palacios y puentes
se detuvo en un siempre de fundación y orígenes?
¿Quien hizo de la palabra argenta
clave de fortuna, presencia de metal y nombre?
En los viejos folios de la Basílica
de San Giorgio Dei Greci
parece que estuviera escondido su secreto.
Allí están las letras que así lo anuncian.
Pero es un más, ella lo sabe,
un otro ser que se dejo ir a lo profundo,
quien hoy a su llamado atiende.

UPON MEETING

From the stormy open sea of Ikaria
Konstantina comes to Venice
to investigate the myth of her ancestors.
Who in the present palaces and bridges
stood still in an eternity of foundations and origins?
Who made of the argent word
key to fortune, metallic presence and name?
In the old folios of the Basilica
of San Giorgio Dei Greci
the secret would appear to be hidden.
That is where the letters are that proclaim it.
But it is another, she knows,
another being that abandoned herself to the deep,
who responds today to her summons.

VENECIA

No hay nada a la redonda
que pertenezca más
a lo que ya no pertenece
o permanece.
Así esta ciudad,
ausente de si misma,
plena de vacío.

VENICE

There is nothing around
that belongs any more
to what no longer pertains
or remains.
Such is this city,
absent to itself,
full of emptiness.

CANCIÓN A LA EXTRANJERA

A Alessandro Mistrorigo

Quiero a plena luz
esta tarde de Venecia
para descifrar con ella
los arcanos de tu risa.

Quiero que te sumerjas
en el misterio
de gastadas piedras y maderas
para hallarte luego
en el deshacer de los palacios.

Dame la fortuna
de ver que te disuelves
en los oboes de Vivaldi,
en los lienzos de Bellini.

Dame en el ir de tu cuerpo
el golpe de remos
bajo las barcas del Rialto.

Y si a plena luz
estas hoy aquí
sólo por un instante,
no vuelvas a tu tierra
esta tarde.

Armando Romero

SONG FOR THE FOREIGN GIRL

For Alessandro Mistrorigo

I want this Venetian afternoon
in the full light
to help me decipher
the mysteries of your smile.

I want you to immerse yourself
in the mystery
of worn stones and wood
to find yourself later on
in the undoing of palaces.

Give me the fortune
of seeing you dissolve
in the oboes of Vivaldi,
in the canvases of Bellini.

Give me, in your body's departure
the striking of oars
beneath the barques of the Rialto.

And if in the full light
you are here today
just for an instant,
do not return to your land
this afternoon.

From the Air to the Hand / Del aire a la mano

POR EL GRAN CANAL

Basta enredarse con los puentes
para que de la maraña
surja una nueva geometría.
Esta imagen peregrina
rastrea mi andar
entre calles anegadas,
resbala por las aguas,
y se transforma en cinta
de cambiantes superficies.
Veo allí el triángulo
de aquellos recuerdos
que quiebran el verso.
Acaricio la figura fugaz
que presta ojo al horizonte.
Reflexiono sobre el cansancio
de lo eterno
en los arcos que remontan
las palabras.
Es el perdón del fuego
al círculo del poema
el cual al fin desenreda
ese único puente
que de vida nos divide.

ON THE GRAND CANAL

All it takes is to get tangled up in the bridges
for a new geometry
to arise out of the tangled mess.
This migrant image
traces my wanderings
among submerged streets,
slips in among the waters
and transforms into a ribbon
of changing surfaces.
There I see the triangle
of those memories
that break the verse apart.
I caress the fleeting figure
that offers its eye to the horizon.
I reflect on the weariness
of the eternal
in the arches that surmount
the words.
It is the fire's forgiveness granted
to the circle of the poem
which ultimately disentangles
that sole bridge
which keeps us on this side of life.

LANCE

Éramos niños
y le tirábamos al sueño
argollas de metal
para ver si lográbamos
embocarlo.
Eran una argollas grandes,
herrumbrosas,
donde habíamos encadenado
con letras claras
nuestros deseos
como aventuras.
Por eso hoy,
cuando camino
por dentro de las aguas
transparentes
de un canal de Venecia,
con una botella
de vino blanco en una mano,
y un mapa deshaciéndose
en la otra,
rumbo a casa de mis amigos,
siento que una de las argollas
por fin entra a su sitio
y que ya no será necesario
despertar.

TOSS

We were children
and we would throw
the metal rings at our dream
to see if we were able
to sink the shot.
They were large, rust-colored
rings
on which we had interlocked
our wishes
with legible letters
like adventures.
This is the reason today,
as I walk
through the transparent
waters
of a canal in Venice
with a bottle
of white wine in one hand,
and a map falling apart
in the other,
on my way to my friends' house,
it feels like one of those rings
is finally landing in place
and it will no longer be necessary
to wake up.

MUSEO DE SÍ MISMA

Este museo que camino
perdido en el mapa
es Venecia.
Pastel carcomido en las postales;
insistencia de lo que se repite
en el paisaje.
De día lo visito con ojos curiosos
como en el tropel de una fiesta.
De noche me sumerjo en sus pasadizos
como en un carnaval de sombras y ratas.
En las calles y calzadas del Cannaregio
los tomates y los peces,
rudos como los hombres que los venden,
forman monstruos, presencias deformadas.
Todas las iglesias esconden en lo oscuro
sus encantos.
Desde una de ellas una voz de soprano
se alarga hasta las aguas.
Camino sin norte en los ojos,
sin guía entre mis palmas,
y todo va dando vueltas
hasta que de improviso la ciudad,
museo de sí misma,
parece detenerse.
Sólo allá atrás, o acá adelante,
restan desacostumbrados movimientos:
alguien raudo pasa solitario,
un pan sostiene bajo el brazo,
alguien llama a un niño por entre las tapias,
alguien busca un gato.
Y es ahí
donde por fin veo caer la máscara,
donde se desliza el antifaz
y una luz que no es de poema o novela

MUSEUM OF ITSELF

This museum that I walk
lost on the map
is Venice.
Wasted-away pastel on postcards;
insistence on what gets repeated
in the landscape.
During the day I visit it with curious eyes
as if in the teeming mass of a party.
At night I submerge myself in its covered walkways
as if in a carnival of shadows and rats.
On the streets and roadways of the Cannaregio
the tomatoes and the fish,
crude as the men that sell them,
acquire the shapes of monsters, deformed presences.
All the churches hide their charms
in the darkness.
Out of one of them a soprano's voice
stretches out to the waters.
I walk with directionless eyes,
without a guide in my hands,
and everything spins around me
until unexpectedly the city,
museum of itself,
seems to stand still.
Only back there, or here in front,
do some unusual movements remain:
someone swiftly passes by, alone,
a loaf of bread held under their arm,
someone calls after a child in between the walls,
someone looks for a cat.
And there it is
that I finally see the mask fall away,
where the disguise slips off
and a light that belongs neither to poem nor novel

me revela el rostro de sus habitantes cotidianos,
aquellos que día tras día,
ignorados,
se escurren entre visitantes.
Ya no son los dueños del mar y de la tierra,
los que bautizaron el mundo
con las garras de su león.
Hoy esta su tierra casi no les pertenece.
Hoy a duras penas hay sitio
donde puedan decir estoy yo.
Hoy se limitan a indicarme
dónde está la estación.

reveals the face of its daily inhabitants to me,
those who one day after another
ignored,
scurry past the visitors.
They are no longer the lords of the sea and the earth,
those who baptized the world
with their lion's claws.
Today this their land almost doesn't belong to them.
Today they are hard pressed to find a place
that they can say "I am here".
Today they don't do much more than
point me in the right direction of the rail station.

MEETING AT NIGHT

> *"¿Oyen los muertos lo que los vivos*
> *dicen luego de ellos?"*
> Luis Cernuda

No es fácil encontrar en el cementerio
de la Isola di San Michele
a estos dos habitantes de la noche y el día.
A pesar de que casi se tocan con los pies o las manos,
sus tumbas guardan precavido silencio.
Poco tienen para decirse
estos combatientes derrotados
en la guerra fría.
Victorioso en el desborde de sus palabras,
el uno.
Victorioso en el verbo contenido,
el otro.
Felices de verse a cuerpo entero en el poema,
aunque derrotados al fin.
En la Isola di San Michele
una de las tumbas se regocija entre las flores,
manos dulces y amigas
vienen a menudo a acariciarla.
En la otra sólo se nota una mano solitaria
que a intervalos limpia el polvo
y controla la enredadera.
Nunca se conocieron,
ni hubieran querido hacerlo, de seguro,
estos dos habitantes de rostro maldito por la poesía.
El más viejo,
Ezra Pound
en la ironía de su nombre,
rugía de ira frente a los gusanos
de la usura en su patria, que era el mundo.
El más joven,

Armando Romero

MEETING AT NIGHT

> *"Do the dead hear what the living*
> *say about them afterwards?"*
> Luis Cernuda

It is not easy to find these two inhabitants
of night and day
in the cemetery of la Isola de San Michele.
In spite of the fact that their feet and hands are almost touching,
their tombs keep a wary silence.
These defeated combatants
have little to say to each other
in the cold war.
This one, victorious
in the overflow of his words.
The other, victorious in his
restrained speech.
They are happy to see themselves at full length within the poem,
even though at the end they were defeated.
In the Isola di San Michele
one of the tombs rejoices among the flowers,
where sweet and friendly hands
come often to caress it.
In the other, one sees only the intermittent appearance
of a solitary hand that comes to clean off the dust
and tame the creeping ivy.
They never met, nor would they
have wanted to, I am sure,
these two men who wore cursed countenances for poetry's sake.
The older one,
Ezra Pound
in the irony of his name,
bellowed with rage before the
worms of usury in his homeland, which was the world.
The younger,

From the Air to the Hand / Del aire a la mano

Joseph Brodsky
en la ironía de su nombre,
aplastaba con los dedos de sus palabras,
la insana y maligna burocracia de su patria,
que era para él sólo una parte del mundo.
Ninguno odiaba lo que el otro odiaba,
o amaba lo que el otro amaba,
excepto esta tierra que ahora visten
como sepultura.
Esta tierra de marinos y comerciantes
y viajeros atropellados por la muerte
en lápidas envejecidas
por el sol y el descuido.
No es para contemplar fantasmas
que uno se acerca a estas tumbas,
ni para oír sus diálogos secretos
sobre la inmortalidad del alma,
es quizás para ver
que el sol se hace noche
en los versos rimados y los metros precisos
del más joven y moderno,
mientras que en el más viejo y antiguo
sus versos saltan libres
de las rejas de las páginas,
y en diversos idiomas
imponen la prosodia de su osada aventura.
Sin embargo, si un oído allá esta noche
nos permitiera oírlos leyendo sus poemas,
encontraríamos la misma cadencia,
el dejo que permite el arrastre de las sílabas.
Bien sabemos que ambos habitaron
su imagen con orgullo y soberbia,
que apostaron a perder el cielo
para ganar la tierra,
que respondieron con fuego y dolor
a las tres preguntas de Dios,

Armando Romero

Joseph Brodsky
in the irony of his name,
crushed with the fingers of his words
the insane and evil bureaucracy of his homeland
which for him was only one corner of the world.
Neither of them hated the same thing,
or loved what the other loved,
except this land that they both now wear
as a grave.
This land of sailors and traders
and travelers hurried on by death
on gravestones aged
by the sun and neglect.
One does not seek out these tombs
to contemplate ghosts
nor to hear their secret dialogues
on the immortality of the soul,
perhaps it is to see
that the sun becomes nightfall
in the rhymed verses and precise metrics
of the younger and more modern poet,
while the older and more old-fashioned poet,
his verses leap freely from the iron bars of the pages,
and in different languages
they establish the prosody of their daring adventure.
However, if a listen there tonight
would let us hear them reading their poems,
we would find the same cadence,
the lilt that occasions the dragging on of syllables.
We know full well that they both inhabited
their image with pride and arrogance
that they wagered the loss of heaven
against the winning of the earth,
that they responded with fire and pain
to God's three questions
because being, going and coming

From the Air to the Hand / Del aire a la mano

porque ante el estar, el ir y el venir
imponían el incendio de adentro.
Por gritar desaforado,
por no roer su ira en sus intestinos
como lo hacen los hipócritas,
el de barba blanca y ojos enloquecidos
va al encierro del hospital Saint Elizabeth,
for the criminally insane;
por vagabundo,
poeta sin oficio conocido,
lacra de la sociedad,
parásito,
el de ojos tristes y rostro desafiante,
va a las estepas del Gulag.
Hijos de la historia,
y por ella condenados y consagrados,
sólo les resta el exilio
de lo que a duras penas podrían llamar patria.
Debe haber sido la diosa Fortuna,
que se pasea por la Plaza de San Marcos,
quien vino a anclar juntos en este cementerio
a estos dos seres que atormentados
atormentaron con sus versos los imperios.
No se conocieron,
ni se amarán nunca,
escrito va en la eternidad.
Pero juntos son una verdad
que ya es muy difícil ver
en este mundo de mentiras
que jugamos como niños perdidos.
Ya no nos quedan lenguas y plumas
para aquél que hablaba todas las lenguas,
o para éste que volaba con todas las plumas.
Pienso que si hay una luz
que los hermana y los une,
está allí por los meandros de Venecia,
en la parte roñosa de una iglesia,

forced the fire out from the inside.
By shouting his head off,
instead of gnawing on his rage in his intestines
as the hypocrites do,
the man with the white beard and the maddened eyes
goes off to confinement in Saint Elizabeth's hospital
for the criminally insane;
on account of vagrancy,
unemployed poet,
stain on society,
parasite,
the man with the sad eyes and defiant face
goes to the steppe of the Gulag.
Sons of history,
damned and consecrated by it,
all that is left to them is the exile
of what they might, with difficulty, have called their homeland.
It must have been the goddess Fortuna,
who walks about in the Piazza di San Marco,
who came to anchor these two together in this cemetery
these two beings who, tormented themselves,
tormented the empires with their verses.
They never met,
nor will they ever love each other,
thus it is written in eternity.
But together they are a truth
that it is now very difficult to see
in this world of lies
where we play like lost children.
We no longer have the languages nor the plumes
for he that spoke all languages
or for him who flew with all plumes.
I think that if there is a light
that makes them brothers and brings them together,
it is there among the meandering bends of Venice,
in the filthy part of a church,

en un oloroso portón,
en la calzada de los incurables,
o tal vez en una gárgola, una columna,
el polvo.
Extraño es pensar
que ahora no viene a mí
la palabra
agua.

in a musty gateway,
on the road of the incurable
or perhaps in a gargoyle, a column,
the dust.
It is strange to think
that one word
that does not come to me
is *water*.

… *From the Air to the Hand / Del aire a la mano*

EL COLOR DEL EGEO (2016)

Armando Romero

THE COLOR OF THE AEGEAN (2016)

I
¿Adónde van estas aguas
que no saber de dónde salieron
es el comienzo?
¿Acaso el crustáceo
o el kritamo
las bautizó entre las rocas?
Es el viento el que les silba,
dice el velero.
Es la isla al fondo la que alumbra,
afirma el profeta.
Solo el cielo desmide las estrellas,
observa el astrónomo.
Es su color que dice de los templos,
atestan los antiguos.
Estas aguas no se quedaron
para siempre.
Estas aguas regresaron
con el tiempo.
Sin embargo,
saben los filósofos,
basta un parpadeo
y desaparecen.

I
Where do these waters go,
these waters where not knowing where they came from
is the beginning?
Perhaps the crustacean
or the kritamo
christened them among the rocks?
It is the wind that whistles at them,
says the sailmaker.
It is the furthermost island which illuminates them,
affirms the prophet.
Only the heavens extend past the stars,
observes the astronomer.
It is their color that reminds one of temples,
testify the old ones.
These waters did not remain
forever.
These waters returned
with time.
However,
the philosophers know,
with but one blink of the eye,
they disappear.

II

Es de todos el mar y de ninguno
el rastro exacto de sus colores.
Bien al fondo
es una franja como nieve,
y a su lado,
azulado se perfila de un golpe
el sol que lo transforma.
Tanto color como palabras
en verso y prosa.
Todas precisas, desde la más obvia
a la más peregrina.
Vino tinto, dijo Homero,
pero otros fueron más allá
de la paleta.
Es de todos el color y de ninguno
el que atrapa para siempre el mar,
su faz definitiva,
cuerpo desnudo del deseo.

II

The sea belongs to everyone and to no one
the exact trail of its colors.
Well towards the bottom
it is a snow-like swath,
and next to it,
the blue-tinged sun suddenly takes shape
and transforms it.
It is as much color as it is words
in verse and prose.
All precise words, from the most obvious
to the most roaming.
Red wine, said Homer,
but others used more of the
painter's palette.
The color belongs to everyone and no one
the color that entraps the sea forever,
its definitive face,
naked body of desire.

III

El Egeo es un mar inquieto y alegre,
no importan la furia de sus vientos
y el bramar de sus tormentas.
No invita la melancolía o la angustia
como ese blanco blanco
de los mares del Norte,
o el oscuro oscuro del Pacifico
en los trópicos.
No juega a las superficies
como las imágenes de cristal
del Caribe,
ni se extiende al infinito
como el que desde los desiertos
de Chile
va a la Polinesia.
Sorprende pensar, entonces,
que al paso del tiempo
ha ido diluyendo poco a poco
el humor y la sorpresa que edificó
el mundo antiguo.
Esa fiesta del hacer sagrado.
Esa alegría pecadora,
que no era como hoy
una lógica atravesada de respuestas
sin el saber de las preguntas.
La paradoja era su elemento.
Quizás ese salto para crear la imagen
se perdió en el rezongar
de los ortodoxos sacerdotes
acompañando a este pueblo
en dolor e ira contra la sonrisa
cruel de los invasores.
En tanto exilio sin retorno.
Tanto ir de allá para acá

III

The Aegean is a restless and happy sea,
regardless of the fury of its winds
or the bellowing of its storms.
It doesn't suggest melancholy or anguish
like that white white
of the seas of the North,
or the dark dark of the Pacific
in the tropics.
It doesn't play with the surface of things
like the crystalline images
of the Caribbean,
nor does it stretch on to infinity
like that sea that stretches from the deserts of Chile
all the way to Polynesia.
It is surprising to think, then,
that the passage of time
has, little by little, been diluting
the humor and the surprise that built
the ancient world.
That festival of making the sacred.
That sinful happiness,
that was not, like today,
a logic perforated by answers
without knowing the questions.
Paradox was its element.
Perhaps that leap to create the image
was lost in the grumbling
of the orthodox priests
as they accompanied the people
in pain and rage against the cruel
smile of the invaders.
So much exile without return.
So much going from there to here
without turning around.

sin dar la vuelta.
No importan Platón o Sócrates,
en los plazos de su historia
los filósofos reían columpiándose
en la bien sembrada agudeza
de sus asertos.
Los poetas remediaban la tragedia
con el filo de sus comedias.
Los artistas añadían placer y gozo
a los hermosos volúmenes
de los cuerpos.
Y los dioses
¡Ah! Los dioses
se divertían viendo como estos seres
desde sus islas,
los creaban a su imagen y semejanza,
como jugaban con ellos a su antojo,
sin sosiego.

Plato and Socrates don't matter
in the allotted space of history
the philosophers laughed swaying themselves
in the well-sown sharpness
of their assertions.
The poets mended tragedy
with the sharp edge of their comedies.
The artists added pleasure and joy
to the beautiful volumes
of bodies.
And the gods
Oh! The gods
amused themselves seeing how from their islands
these beings
created the gods in their image and likeness,
how they played with them as they wished,
restlessly.

IV

No es fácil meditar en paz
cuando vienen al tropel
las ideas de la noche.
Cuando frente a nosotros se planta
una puerta sin goznes ni cerraduras.
Así, ¿dónde está la noche
que vio a los que se fueron?
¿Se metió en sus entrañas
para resurgir en otros cuerpos?
Afirman que pasó sin tormentas,
que el mar tembló de lo mismo,
y aquellos que se quedaron
volvieron a sus casas
y apagaron las velas.
Hablarían de furia los abismos
si todo no fuera resignación
y silencio.

IV

It is not easy to meditate in peace
when at night the ideas come
en masse.
When a door without hinges or locks
places itself before us.
So, where is the night that saw
those who have gone?
Did it place itself in their depths
to be resurrected in other bodies?
It is said that the night passed without storms,
that the sea quaked the same as always,
and those who stayed
returned to their houses
and put out the candles.
The abysses would speak of fury
if all were naught but resignation
and silence.

V

Es la luz
la que no deja la luz
Es la claridad
la que no permite la claridad
Es la estrella
la que oculta la estrella
Todo el día la luz esconde
lo que se revela
Hay una noche que produce
lo que fulgura
Hay un dios
que cubre con sus rayos
otro dios
Hay más luz
para no ver
Alta noche
de resplandor

V

It is light
that keeps back light
It is clarity
that forbids clarity
It is the star
that blocks out the star
All day the light hides
what is revealed
There is a night that produces
the incandescent
There is a god
who covers another god
with his bolts of lightning
There is more light
to not see
High night
of radiance

VI

No por histórico y egipcio
el griego Konstantino Cavafis
olvidó que la historia
empieza el día que vivimos,
y que Alejandría es arena
como mar y viento.
En el rostro bizantino de un efebo
vio el dios escondido de los antiguos,
y en los meandros del tiempo
se abrió para él
la misma luz que nos ilumina.
Sabía que su griego era lengua
de palabras que se crean en el mar,
las cuales al emerger devienen islas,
y por sus ojos vimos como se disolvió
el gozo, el placer de la vida misma
en esta tierra de milenios,
gracias al advenir del dios único,
el de los ojos al cielo
para ascesis y tormentos.

VI

It wasn't because he was historical or Egyptian
that the Greek, Constantine Cavafis,
forgot that the story
begins the very day we are living,
and that Alexandria is as much sand
as it is sea and wind.
In the byzantine countenance of an ephebe
he saw the hidden god of the ancients,
and in the meanderings of time
the same light that illuminates us
opened up to him.
He knew that his Greek was a language
of words that are made in the sea,
which, upon emerging, become islands,
and through his eyes we saw how joy
was dissolved, the pleasure of life itself
in this land of millenniums,
thanks to the advent of the one god,
the god of eyes lifted unto heaven
for ascesis and torments.

VII

¿Qué sabe del mar
el diminuto lagarto?
¿Qué sabe la mariposa
de la sal de sus abismos?
¿Qué sabe del color que se transforma
la hormiga que arrastra la mariposa
que el lagarto espera?
No tenemos ojos ni oídos
para esas preguntas de los elementos.
Ni para el velero que será
gaviota del deseo.
No obstante,
también encontramos
en una mesa del puerto
el misterio.

VII

What does the small lizard
know of the sea?
What does the butterfly know
of the salt in its abysses?
What about the transforming color is known
to the ant that drags the butterfly
towards the waiting lizard?
We have neither eyes nor ears
for these questions regarding the elements.
Nor for the sailboat that will be
a gull of desire.
Nonetheless,
on a table in port,
we also find mystery.

VIII

Mar
tres letras simples
y un color
que se transforma.

VIII

Sea
three simple letters
and a color
that transforms.

IX

Con una sola mano
podemos hacer del mar
sitio para la escritura.
Un trazo envolvente
es un trueno;
otro que cae
es el rugido del viento;
y la letra que se forma
es el golpe de la ola
contra la piedra.
Si hay una sílaba
vemos el ir de sus burbujas.
Una palabra
es el nervioso temblar
del agua.
Una frase el silencio
contra el horizonte.
Y todas ellas,
en su concierto,
serán tu sola voz
en mis adentros.

IX

With just one hand
we can make of the sea
a place for writing.
An enveloping stroke
is a thunderclap;
another stroke falling
is the howling of the wind;
and the letter taking shape
is the crashing of the wave
against the rock.
If there is a syllable,
we see the passing of its bubbles.
A word
is the nervous trembling
of the water.
A phrase, the silence
against the horizon.
And all words,
in concert,
shall be your voice alone
in the deepest part of me.

X

Por el cauce del entonces,
cuando el Egeo vio a Pitágoras,
a Safo, a Hipócrates,
a Homero,
no se hablaba de felicidad.
Tampoco lo hizo Constantino,
el imperial Bizancio,
menos la rígida invasión del turco.
No obstante,
una cosa así se le acerca a uno
en estas islas.
Es algo que fluye, no se detiene,
más que eterno.
Es agua que sigue su manantial.
Es un pedazo de sol y sombra.
Es quietud que zumba como una abeja.
Es viento en la espalda.
Es un sentir allá lejos.

X

Down the waterway of back then,
when the Aegean saw Pythagoras,
Sappho, Hippocrates,
Homer,
happiness was not spoken of.
Constantine didn't mention it
nor did imperial Byzantium,
much less the harsh invasion of the Turk.
Nevertheless,
something like it approaches you
in these islands.
It is something that flows, that does not tarry,
more than eternal.
It is water that follows its spring.
It is a piece of sun and of shadow.
It is stillness that buzzes like a bee.
It is wind at your back.
It is a feeling there far off.

XIII

Todos quisiéramos ir en ese barco
que va a Karkinagri.
Si hoy lo lleva un mar tranquilo
mañana no importa que sea tormenta.
El rostro de una mujer,
pájaro de miel,
se posa contra la borda.
Haciendo juego en el presente
un marinero desenreda las cuerdas
al ir del tiempo.
Espejo
la vieja sal en la cubierta,
la estela de espuma y gaviotas.
Nadie dijo que tenía que moverse de allí
ese barco que va a Karkinagri.
Nadie me lo va a quitar hoy
de los ojos y la memoria.
Así será, eterno, ese barco
que nos lleva a Karkinagri,
vida y silencio.

XIII

We all wished we could go in that boat
that heads to Karkinagri.
If today it is carried on a calm sea
it matters not if tomorrow it storms.
The face of a woman,
bird of honey,
settles on the gunwale.
Matching well with the present
a sailor disentangles the ropes
to the ebbing flow of time.
Mirror
the salt stains on deck,
the slipstream of foam and seagulls.
Nobody said that that boat that sails to Karkinagri
had to move on.
No one will take it away today
from my eyes and my memory.
Thus it shall be, eternal, that boat
that takes us to Karkinagri,
life and silence.

XIV

Ruge y ronca el viento contra los barcos.
Recio se escurre entre las cuerdas.
Silba por las montañas.
Azota las telas.
Se revuelca en las olas.
En la terraza de la taberna,
ella levanta las manos
y se untan de estrellas sus dedos.
Motivos de luz son sus cabellos.
Ojos son esos del Egeo.
Las islas al fondo,
oscuras,
son testigos de lo inmenso.

XIV

The wind bellows and roars against the boats.
It vigorously runs down along the ropes.
It whistles through the mountains.
It lashes the sailcloth.
It wallows about the waves.
On the terrace of the tavern,
she lifts her hands
and her fingers are anointed with stars.
Her tresses are sources of light.
Eyes of the Aegean these are.
The islands in the distance,
dark,
are witnesses of immensity.

XV

¿Qué me puedo llevar para los sueños?
Pondré sobre el mar una tela blanca
y copiaré el azul del cielo.
No.
No quedaría espacio para los pájaros,
ruido para las olas.
Tal vez sólo luz puedo llevar a los sueños,
con cuidado para que retorne,
para que vuelva a mi hombro
como animal salvaje en la vigilia.
¿Es eso todo?
No lo sé.
Los sueños hacen lo que quieren
con los sueños.

XV

What can I take with me for dreaming?
I shall place a white cloth over the sea
and I shall copy the blue of the sky.
No.
There wouldn't be room left for the birds,
noise for the waves.
Perhaps I can only take light with me for dreaming,
carefully so that it makes it back,
so that it returns to my shoulder
like an alert wild animal.
Is that all?
I don't know.
Dreams do as they wish
with dreaming.

XVII

Caminando por Fokionos Negri,
entre las calles de Atenas,
al poeta Nikos Gatsos se le apareció
una isla en la cabeza.
Estaba allá, fuera del Egeo,
pero a la vez en el centro
de ese mismo mar
que pinta de color
una imagen única,
solitaria.
Extraños habitantes la poblaban:
caballeros de una danza entre luces,
pescadores arrimados a sus redes,
sueltos amantes en delirio de lámparas.
Rocas y mar había,
pájaros y el verde de su encanto.
A más caminaba
más isla se hacia,
logrando de ese otro Egeo
una línea de versos
extendida.
Amorgos le puso por nombre
ya existente entre las Cícladas,
quizás para no hacer mucho ruido
al levantar por siempre
una isla
en la griega poesía.

XVII

Walking through Fokionos Negri,
in the streets of Athens,
an island appeared
in the head of the poet Nikos Gatsos.
There it was, outside the Aegean,
but at once in the center
of that same sea
that paints with color
a singular image,
alone.
Strange inhabitants dwelled there:
knights from a dance among the lights,
fishermen clinging to their nets,
lovers let loose in a delirium of lamps.
Rocks and sea there were,
birds and the green of their enchantment.
The more he walked,
the more island there was,
achieving in that other Aegean
a line of verses
extended.
He named it Amorgos
already existent among the Cyclades,
perhaps to avoid making too much noise
when he forever raised
an island
in the midst of Greek poetry.

XIX

No es la ola que perdió
su camino entre las islas,
no es el ave que se detiene
en un rayo negro,
las que abren mis ojos.
Son estas diosas
que hoy temprano el día
se posan en la playa
y de piedra dejan el viento.
Todo color del mar
en sus cuerpos.

XIX

It is not the wave that lost
its way among the islands,
it is not the bird that alights
on a black lightning bolt,
that open my eyes.
It is these goddesses
that now early in the day
pose on the beach
and stop the wind in its tracks.
All the color of the sea
on their bodies.

XX

A la sombra de los viejos barcos
que se zangolotean en el muelle
llegaron esta mañana las noticias del desastre.
Es el apetito de quienes devoran nuestros frutos.
Es ese sol inalcanzable más allá de las manos.
Esta mañana vimos a los pájaros
enredarse en las curvas de sus nidos
y el horizonte desafió el silencio
como si fuera una línea recta.
Volver los ojos al pasado
fue caer en un montón de piedras.
Tampoco fue posible rogar
al que a salmos nos castiga.
Esta mañana un marinero tiró
la red vacía contra la arena.
Afrodita triste fue un anuncio
entre botellas.
Océano y Tetis
un calamar y tres almejas.

XX

In the shadow of the old ships
that flailing about the quay
news of the disaster arrived this morning.
It is the appetite of those that devour our fruits.
It is that unreachable sun beyond our hands.
This morning we saw the birds
tangle themselves in the curves of their nests
and the horizon defied the silence
as if it were a straight line.
Turning one's eyes to the past
was like falling onto a heap of stones.
Nor was it possible to plead
with the one who punishes us with psalms.
This morning a sailor cast his empty net
onto the sand.
Sad Aphrodite was an advertisement
on bottles.
Oceanus and Tethys
a squid and three clams.

XXII

Sería Patmos, Kos o Rodas,
no puedo recordarlo bien.
Miraba al otro lado del mar,
de frente él entre las rocas.
De nombre Giorgos Seféris,
poeta.
"¿Todo lo has perdido?", le pregunto.
"No, se llevaron sólo las puertas",
responde.
"Entonces, qué buscas, poeta,
qué esperas?"
"Espero un caballo blanco".
"Yo vi uno en el atrio de una iglesia,
entre la niebla,
allá en mi tierra de América"
"¿Hay minas de carbón allá,
en tu tierra de América?"
"Sí, son los ojos oscuros
de las montañas."
"Entonces, ya viene a nuestro encuentro".
Dice el sueño que los pescadores
así nos vieron al pasar,
plantados al sol entre las rocas,
a la espera.

XXII

It must have been Patmos, Kos or Rhodes,
I can't fully recall.
He was looking to the other side of the sea
facing forward, he stood among the rocks.
His name, Giorgos Sepheris,
poet.
"You have lost everything?" I ask him.
"No, they only took the doors"
he replies.
"What, then, do you search for, poet,
what are you waiting for?"
"I am waiting for a white horse".
"I saw one in the atrium of a church,
in among the fog,
there in my country in the Americas"
"Are there coal mines there,
in your country in the Americas?"
"Yes, they are the dark eyes
of the mountains."
"Well then, it is on its way to meet us."
The dream says that the fishermen
saw us this way as they passed,
standing among the rocks under the sun,
waiting.

XXVII

Como la poesía,
el Egeo es un mar
para quedarse dentro,
borrar las salidas.
Los hilos de Ariadna
no son necesarios,
el minotauro quedó fuera.
Así lo vio Safo
entre las rocas,
eterna.
Nunca dejaremos atrás
los misterios de Delos,
el trazo puro de su arte,
el viaje a lo otro,
sensual y sagrado.
No se trata de perderse
en el Egeo,
Ulises no buscaba la puerta.

XXVII

Like poetry,
the Aegean is a sea
that pulls you in,
erasing the ways out.
The threads of Ariadne
are unnecessary,
the minotaur stayed outside.
That is how Sappho saw it
among the rocks,
eternal.
We shall never leave behind
the mysteries of Delos,
the pure stroke of its art,
the journey to the other,
sensual and sacred.
In the Aegean,
the purpose is not to lose oneself,
Ulysses was not searching for the door.

XXX

Contra ese cielo de azul a blanco
están los ojos de tío Vassili.
No hace falta un volcán
o un dios de mármol
para medir su figura
de mañana a tarde
luchando con piedras
y seca tierra
para transformarlas en vino,
aceite, leche, miel
y verdes plantas.
Sus ojos traducen para mí
la dulce lengua de sus ancestros
y me llevan a ese
no
que dijo al invasor,
llámese como quiera
de sur a norte,
este a oeste.
Ardido de sol
o crujiente por los fríos,
con sus ojos vio tempestades,
mar vuelto y revuelto.
Mas el esplendor de los bellos días
le dio amor y paz,
y esa es su ofrenda
cuando allá en su casa a lo alto
se acerca a mí
con un vaso de vino,
y veo en él
lo que por luz permanece.

Tío Vassili,
bien puedo sentir
que desde este mar,
en su color de azul a blanco,
tus ojos siempre vienen.

XXX

Against the sky, blue fading to white,
the eyes of Uncle Vassili.
There is no need of a volcano
or a god of marble
to measure his figure
from morning to evening
fighting against the stones
and dry earth
to transform them into wine,
olive oil, milk, honey
and green plants.
His eyes translate for me
the sweet language of his ancestors
and carry me to that
no
that he said to the invaders,
call them what you will,
from South to North,
East to West.
Stinging with the sun
or crackling from the cold,
he saw storms with his eyes,
the sea churned and turned upside down.
Yet the splendor of the beautiful days
gave him love and peace,
and peace is his offering
when there at his house in the heights
he comes over to me
with a glass of wine,
and in him
I see the light hold him in its grasp.

Uncle Vassili,
I know in my heart
that from this sea,
with its colors of blue fading to white,
your eyes are always approaching.

XXXI

Quien hizo en Samos
un túnel para transportar
el agua,
cruzó el Egeo
y abrió la tierra.
Quien hizo en Samos
gigantes a los kouros,
predicó en las aguas
y oró en la tierra.
Quien hizo en Samos
frontera con sus vecinos,
liberó las aguas
y sembró la tierra.

XXXI

Whoever made a tunnel
to carry water
in Samos,
crossed the Aegean
and opened up the earth.
Whoever, in Samos,
 made the Kouros statues into giants,
preached upon the waters
and prayed on the earth.
Whoever made in Samos
a boundary between his neighbors
liberated the waters
and sowed the earth.

XXXII

Al golpe de los sentidos
despierto hoy en este mar
y en sus orillas.
Las formas que lo integran
son una ola
que cambia de color
entre las islas.
A mi lado, veo tu rostro
que no altera el misterio
o su transparencia.
Este mar
gira sobre su luz
y de improviso
avienta sus vientos
entre playas y colinas,
rocas y casas
en los promontorios.
Me detengo.
Miro fijamente.
Han empezado a flotar
sus islas.
Flota Patmos
con su revelación adentro;
flota Rodas
con el tropel de sus caballeros;
flota Creta
con la madeja de sus hilos;
flota Mikonos
con la procesión de sus iglesias;
flota Ikaria con la radiante fuerza
de sus aguas.
Más aun, flota este mar todo
en su piel envuelto,
y allá donde se proclama cielo,
empieza a adquirir frente a mis ojos,
la forma cambiante de tu cuerpo.

XXXII

I awake today
by the pounding of the senses
on this sea
and on its shores.
The shapes that compose it
are a wave
that changes color
from island to island.
Beside me, I see your face
that does not alter the mystery
or its transparency.
This sea
spins over its light
and unexpectedly
throws out its winds
among the beaches and hills,
rocks and houses
on the promontories.
I stop.
I look closely.
Its islands have begun
to float.
The Isle of Patmos floats
carrying with it its revelation;
Rhodes is floating
with its horde of knights;
Crete floats
with its skein of thread;
Mykonos floats
with the procession of its churches;
Icaria floats with the radiant power
of its waters.
What's more, this entire sea floats on
wrapped up in its own skin,
and further on where the sea declares itself sky,
beginning to take shape before my eyes,
is the changing form of your body.

XXXIII

Hay una hora en el Egeo
cuando los ángeles
vienen
a barrer el cielo.
Meticulosos
lo dejan limpio al infinito.
Así logramos ese azul,
me dicen los pescadores,
nunca visto.

XXXIII

There is an hour in the Aegean
when the angels
come
to sweep the sky.
Meticulous angels
they leave it infinitely clear.
This is how we attain that blue,
the fishermen tell me,
that never-before-seen blue.

XXXIV

Es de por aquí,
de estos puntos suspensivos
sobre este ángulo de la tierra,
por donde va saliendo al mundo
la poesía.
No podía ser de otra manera.
Homero y Safo son un ojo
al mar abierto.
No cualquier mar,
solo éste.
Simples y humildes
bautizaron las palabras
en poesía.
Aquí se hizo de nuestro
ser interno
modelo para los dioses.
Aquí nació el pensamiento.
¿Quiénes hoy pasean sus ojos
por estas aguas, estas tierras,
y en su existir
encuentran sabiduría?
El azul desaparece
con la sangre oscura
de los políticos;
la tierra para amar
es propiedad en disputa;
no se crean dioses,
se habla del vecino.
Días tristes.
Con el canto de Safo
los sentimos,
con el metro de Homero
los medimos.

XXXIV

It's from around here,
around this dotted line,
over this angle of the earth,
through which poetry spills out upon
the world.
It couldn't be any other way.
Homer and Sappho are an eye kept
on the open sea.
Not just any sea,
only this one.
Simple and humble
they baptized the words
in poetry.
Here our innermost self
was made into a model
for the gods.
Here thought was born.
Today, who glides their eyes over
these waters, these lands
and in their existence
finds wisdom?
The blue fades away
with the dark blood
of politicians;
the land for loving
is disputed property;
gods are not created,
one talks about one's neighbors.
Sad days.
We feel them with
the song of Sappho
we measure them with
Homer's meter.

XXXVI

Vino de bruces con el sol en los ojos.
Vino con el viento de un ave
que se descuelga por los desfiladeros.
Sacerdote y demiurgo del Egeo,
vino Odiseas Elytis
con el mar por todos lados.
La libertad es azul, dijo.
El verbo es diáfano.
Y el verde claro a lo lejos
es una forma del misterio,
porque hay un dios glauco
entre las aguas, lo sabía.
Nos podemos llevar
la luz del Egeo en sus poemas.
La belleza permanece allí,
como aquí, inmutable.

XXXVI

He came headfirst with the sun in his eyes.
He came with the wind of a bird
that hangs down through the ravines.
Priest and demiurge of the Aegean,
Odysseus Elytis came
with the sea on all sides.
Freedom is blue, he said.
The word is transparent.
And light green in the distance
is a manifestation of the mystery,
because there is a glaucous god
among the waters, he knew as much.
We can take the light of the Aegean
away with us in his poems.
Beauty remains there,
like here, immutable.

XXXVIII

No puedo pasar por alto
que el pulpo no se columpie más
en las cuerdas,
y ahora se extienda ardiente
en un plato sobre la mesa;
que el tomate luzca de rojo
frente al pepino, los pimientos,
y el orégano;
que un pez revele sus secretos
a nuestros dedos.
Para el queso y las aceitunas
va el nombre de mezedes,
compañeros del ouzo
y la retsina.
Las sillas y la mesa
de madera,
de papel
el mantel y las servilletas.
Planta todo esto
frente al cielo y el mar,
y no te olvides del azul,
y de esa bruma rojiza
que viene con la tarde
y el leve viento.
Entonces deja que el barco
se vaya,
no escuches sus sirenas.
Olvidamos traer el partir
en la maleta.

XXXVIII

I cannot leave out
that the octopus ceases to swing
on its ropes,
and now stretches out sizzling
on a plate on the table;
the tomato glows redly
in the presence of the cucumber, the peppers.
and the oregano;
that a fish reveals his secrets
for our fingers.
The name mezedes serves
for the cheese and the olives
companions of the ouzo
and the retsina.
The seats and table
of wood;
of paper,
the tablecloth
and napkins.
Place it all
before the sky and the sea,
and don't forget the blue,
or that reddish mist
that comes with the evening
and the light wind.
Then let the ship
depart,
do not listen to its sirens.
We forgot to pack leave-taking
in the suitcase.

XL

¿Que vine a desentrañar
en estas islas,
en este color indescifrable?
¿Vine quizás por asomo
o permanencia?
Con mi lengua entrometida
he chapuceado sílabas
entre puertos y calles,
por caminos y hoteles,
por montes y monasterios.
He traído en letras
el golpear del pájaro
en su vuelo como viento,
he hallado en la fugacidad
de los peces
una palabra aguda,
otra grave, sin aliento.
Mi lengua entrometida
se enreda en sus imágenes,
se copia como un espejo.
Busca decir lo que de mar
hay en su silencio.
Ya quisiera ella
poder traer a la página
ese ruido de pájaros,
ese ruido de peces,
ese ruido de rocas,
y de cuerpos.

XL

What did I come to figure out
in these islands
in this indecipherable color?
Did I come perhaps just to look around
or to stay?
With my meddling tongue
I have garbled syllables
in ports and streets,
down pathways and in hotels,
in mountains and monasteries.
In letters, I have brought
the flapping of the bird
in his air-like flight,
in the fugacity
of fishes,
I have found a sharp word,
another quiet, breathless.
My meddling tongue
entangles itself with images,
it copies itself like a mirror.
It longs to say what the silence holds
of the sea.
How my tongue would love
to be able to put down on the page
that noise of birds,
that noise of fish,
that noise of rocks,
and of bodies.

296

About the Author

Armando Romero, (Cali, Colombia, 1944). Poet, novelist and literary critic, belonged to the initial group of nadaísmo, literary avant-garde movement of the 60s in Colombia. PhD in Pittsburgh, currently lives in the United States, where he is a professor emeritus at the University of Cincinnati. He has published numerous books of poetry, fiction and essays. In 2008 he received the title of Doctor Honoris Causa of the University of Athens, Greece. Romero's novel *La rueda de Chicago* (2004) won the 2005 Latino Book Award for Best Adventure Novel at the New York Book Festival. In 2011 he won the First Prize for Short Novel, Pola de Siero (Spain) with his novel *Cajambre* (Bogotá, Valladolid, 2012). His book of poems, *Amanece aquella oscuridad*, was published in 2012, Seville, Spain. Last year, 2016, his book of poems *El Color del Egeo* (The color of the Aegean) was published in Spain and Colombia, as well as partially in Greece. His literary work has been translated into several languages. In 2016 the publisher l' Harmattan (Paris) published a bilingual anthology of his poetry in French, as well as his novel Cajambre was published in Turkey, Denmark, Spain, Italy, France and Greece. One anthology of his poetry was published recently in Bulgaria, and one anthology of his short stories was published in Greece. In 2019, his novel *La Rueda de Chicago* was published in Italy. Also, his book *Free Verses around Venice*, was published in USA.

About the Translator

Matthew Fehskens (Fort Wayne, Indiana 1981) is an active scholar of Hispanic Modernism, translator, and author of short stories. His research focuses on the transatlantic dimension of Literary Modernism in Spanish. He is presently finishing a study of the prophetic discourse in Spanish and Spanish-American poets, titled Towers of God: *The Vates Poets of Hispanic Modernism*. He has published in the past on travel literature, the philosophy of Henri Bergson, and the overlap of word and image in poetic self-portraits in modernismo. Matthew is Associate Professor at East Tennessee State University in Johnson City, Tennessee, where he makes his home in the Southern Appalachian Mountains with Spanish poet Isabel Gómez Sobrino and their three children: Ana Belén, Santiago, and Amalur.

www.ingramcontent.com/pod-product-compliance
Lightning Source LLC
Chambersburg PA
CBHW050130170426
43197CB00011B/1779